时空大数据治理与辅助决策应用丛书

政务信息资源整合利用技术与实践

张福浩　赵阳阳　刘晓东　编著

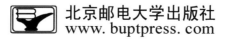
北京邮电大学出版社
www.buptpress.com

内 容 简 介

本书主要介绍了政务信息资源整合利用的相关技术和应用案例。随着信息化建设的深入推进,我国电子政务建设得到了长足发展,特别是在大数据背景下,数据资源呈指数增长,如何有效整合利用这些资源需要深入研究。本书主要探讨大数据背景下政务信息资源整合利用技术,特别关注其在电子政务领域的应用,介绍了大数据和政务信息资源的内涵、分类、特点等,回顾了政务信息资源整合利用的发展背景和国内外发展现状,重点阐述了政务信息资源整合的思路、方法和平台建设,突出了政务信息资源的跨库检索和政务知识管理技术,并列举了相关应用实践案例。

图书在版编目(CIP)数据

政务信息资源整合利用技术与实践 / 张福浩,赵阳阳,刘晓东编著. -- 北京:北京邮电大学出版社,2022.8

ISBN 978-7-5635-6695-2

Ⅰ. ①政… Ⅱ. ①张… ②赵… ③刘… Ⅲ. ①电子政务-信息管理-研究 Ⅳ. ①D035.1-39

中国版本图书馆 CIP 数据核字(2022)第 146640 号

策划编辑:姚 顺 刘纳新　　责任编辑:廖 娟　　责任校对:张会良　　封面设计:七星博纳

出版发行:北京邮电大学出版社
社　　址:北京市海淀区西土城路 10 号
邮政编码:100876
发 行 部:电话:010-62282185　　传真:010-62283578
E-mail:publish@bupt.edu.cn
经　　销:各地新华书店
印　　刷:唐山玺诚印务有限公司
开　　本:720 mm×1 000 mm　1/16
印　　张:12.25
字　　数:168 千字
版　　次:2022 年 8 月第 1 版
印　　次:2022 年 8 月第 1 次印刷

ISBN 978-7-5635-6695-2　　　　　　　　　　　　　　定 价:45.00 元

・如有印装质量问题,请与北京邮电大学出版社发行部联系・

时空大数据治理与辅助决策应用丛书

编委会

主任：张福浩

委员：石丽红　仇阿根　刘晓东　陶坤旺

　　　何望君　赵阳阳　赵习枝

前　言

随着信息化建设的深入推进，我国电子政务建设得到了长足发展。在国家层面，先后提出了办公自动化建设、"三网一库"建设以及"两网四库十二金"建设。各级政府部门在国家统一指导下，积极开展部门电子政务建设，对内开展业务办公应用系统建设，对外加强门户网站建设和信息公开。党的十八大以来，各地区、各部门认真贯彻党中央、国务院决策部署，围绕转变政府职能、深化简政放权、创新监管方式、优化政务服务，深入推进"互联网＋政务服务"，加快建设地方和部门政务服务平台，全国一体化政务服务平台建成，政务数据共享协调机制不断健全，数据共享有序推进。新冠肺炎疫情发生以来，数字化抗疫发挥了重要作用，"健康码""行程卡""疫情地图"等一系列数字化成果为科学防控、复工复产、民生保障等提供了有力支撑。总之，电子政务建设取得了丰富的成果。与此同时，政府部门也积累了丰富的信息资源。充分利用这些信息资源，运用大数据技术提升辅助政府决策能力和知识化服务水平，是推进国家治理能力和治理体系现代化的重要内容。

在大数据背景下，政务信息资源整合利用技术是实现辅助领导决策的重要技术手段。作者和研究团队长期致力于空间辅助决策技术应用研究，承担了多项国家级政务信息资源整合类项目建设，参与了多项国家政策文件编制和政务信息资源整合共享类、政务服务类国家重点工程顶层设计工作，积累了丰硕的研究成果和项目实践经验，为撰写本书奠定了坚实的基础。

本书系统介绍了政务信息资源整合利用相关技术和应用实践，共分 7 章。第 1 章简要介绍了大数据和政务信息资源的内涵、分类、特征等内容；第 2 章回顾了政务信息资源整合利用的发展背景和国内外发展现状，介绍了当前相关的理论和技术；第 3 章阐述了政务信息资源整合流程、方法和平台；第 4 章介绍了政务信息资源跨库检索服务；第 5 章介绍了政务知识管理应用服务；第 6 章介绍了领导决策支持应用服务、统一检索服务和政务知识库服务等应用实践案例；第 7 章对政务信息资源整合利用的发展趋势进行了展望。本书在编写过程中得到了所在研究团队的大力支持。

作者感谢国务院办公厅电子政务办公室、自然资源部、北京市政务服务管理局、中国测绘科学研究院等单位的支持，感谢项目组成员和历届博士生、硕士生，以及为本书做出贡献的所有同志。本书在编著过程中，参考、吸收了国内外有关论著的理论和技术成果，书中仅列出了部分参考文献，在此向所有文献作者表示感谢。

由于作者水平有限，书中难免有不足之处，恳请读者批评指正。

作　者

目　　录

第1章　绪论 ……………………………………………………………… 1

1.1　大数据 ……………………………………………………………… 1
1.1.1　大数据的内涵 ………………………………………………… 1
1.1.2　大数据的分类 ………………………………………………… 3
1.1.3　大数据的特征 ………………………………………………… 5
1.1.4　大数据的处理 ………………………………………………… 7

1.2　政务信息资源 ……………………………………………………… 9
1.2.1　政务信息资源的内涵 ………………………………………… 9
1.2.2　政务信息资源的特征 ………………………………………… 10
1.2.3　政务信息资源的分类 ………………………………………… 11

1.3　政务信息资源整合利用 …………………………………………… 13
1.3.1　政务信息资源整合的意义 …………………………………… 13
1.3.2　政务信息资源整合的原则 …………………………………… 14
1.3.3　政务信息资源整合的模式 …………………………………… 16
1.3.4　政务信息资源整合的内容 …………………………………… 18

本章参考文献 …………………………………………………………… 20

第 2 章 政务信息资源整合利用的发展现状 …………………………… 23

2.1 政务信息资源整合利用的背景 …………………………………… 23
2.2 政务信息资源整合方法的研究现状 ……………………………… 25
2.2.1 基于主题的政务信息资源整合 …………………………… 25
2.2.2 基于元数据的政务信息资源整合 ………………………… 26
2.2.3 基于本体理论的政务信息资源整合 ……………………… 27
2.2.4 基于空间位置的政务信息资源整合 ……………………… 28
2.3 政务信息资源整合利用的应用研究 ……………………………… 29
2.3.1 政务信息资源管理 ………………………………………… 29
2.3.2 政务信息资源检索 ………………………………………… 31
2.3.3 政务信息资源服务 ………………………………………… 32
本章参考文献 …………………………………………………………… 33

第 3 章 政务信息资源整合技术 ……………………………………… 37

3.1 政务信息资源整合的流程和特点 ………………………………… 37
3.1.1 政务信息资源整合流程 …………………………………… 37
3.1.2 政务信息资源整合的技术特点 …………………………… 39
3.1.3 政务信息资源整合的应用特点 …………………………… 40
3.2 政务信息资源库 …………………………………………………… 42
3.2.1 基础信息资源库 …………………………………………… 42
3.2.2 政务业务信息资源 ………………………………………… 46
3.2.3 专家智库信息资源 ………………………………………… 50
3.2.4 信息资源库更新机制 ……………………………………… 53
3.3 政务信息资源整合平台 …………………………………………… 54
3.3.1 总体架构设计 ……………………………………………… 54
3.3.2 信息资源整合 ……………………………………………… 56
3.3.3 信息资源共享服务平台 …………………………………… 57

目 录

3.4 政务信息资源整合工具 ·· 61
    3.4.1 网页文本数据整合系统 ·· 61
    3.4.2 结构化数据整合系统 ·· 67
    3.4.3 多媒体数据整合系统 ·· 73
    3.4.4 空间地理数据整合系统 ·· 78
本章参考文献 ··· 83

第4章 政务信息资源跨库检索服务 ······································ 84

4.1 政务信息资源跨库检索 ·· 84
4.2 政务信息资源跨库检索的总体架构 ································ 86
4.3 政务信息资源跨库检索流程设计 ···································· 88
    4.3.1 异构数据源映射及存储 ·· 88
    4.3.2 映射关系数据库的构建与解析 ······························ 92
    4.3.3 检索请求处理 ·· 94
    4.3.4 多任务并行处理 ··· 95
    4.3.5 检索结果处理 ·· 98
4.4 政务信息资源跨库检索功能 ··· 100
    4.4.1 政务信息资源跨库检索支撑服务 ·························· 100
    4.4.2 政务信息资源跨库检索应用服务 ·························· 102
本章参考文献 ··· 107

第5章 政务知识管理应用服务 ·· 109

5.1 政务知识管理 ·· 109
    5.1.1 知识管理 ·· 109
    5.1.2 政务知识管理进展 ··· 110
    5.1.3 政务知识管理优势 ··· 113
5.2 政务知识管理架构 ·· 115
5.3 政务知识管理流程 ·· 117

  5.3.1 数据组织与存储结构 …………………………………… 118

  5.3.2 知识提取 ………………………………………………… 121

  5.3.3 分类体系构建 …………………………………………… 123

  5.3.4 知识关联 ………………………………………………… 124

  5.3.5 知识展现 ………………………………………………… 126

 5.4 政务知识管理功能 …………………………………………… 128

  5.4.1 政务知识库管理服务 …………………………………… 128

  5.4.2 政务知识应用服务 ……………………………………… 134

本章参考文献 ………………………………………………………… 138

第6章 政务信息资源整合利用应用示范 …………………………… 140

 6.1 省级政府领导决策支持应用服务 …………………………… 140

  6.1.1 省级政府领导决策支持应用服务建设 ………………… 141

  6.1.2 河北省政府领导决策支持系统示范 …………………… 146

 6.2 统一检索服务 ………………………………………………… 152

  6.2.1 信息资源检索服务建设 ………………………………… 152

  6.2.2 信息资源检索服务系统示范 …………………………… 153

  6.2.3 政务服务综合检索服务系统建设 ……………………… 160

  6.2.4 北京市政务服务综合分析系统示范 …………………… 161

 6.3 政务知识库服务 ……………………………………………… 166

  6.3.1 政务知识库服务建设 …………………………………… 166

  6.3.2 北京市知识库管理系统示范 …………………………… 168

第7章 总结和展望 ……………………………………………………… 180

第 1 章 绪 论

1.1 大 数 据

1.1.1 大数据的内涵

1. 大数据的定义

大数据的定义从第一次提出到如今都没有一个统一的概念,因为大数据具有相对性,所以并不能明确地描述定量指标,只能对其进行定性描述。维克托·迈尔·舍恩伯格和肯尼斯·库克耶在《大数据时代》中定义大数据为:不用随机分析法(抽样调查)这样的捷径,而采用所有数据进行分析处理。维基百科将大数据定义为:大数据是指利用常用软件工具捕获、管理和处理数据所耗时间超过可容忍时间限制的数据集[1]。McKinsey 作为一家全球著名的管理咨询公司,将大数据定义为:数据规模超出传统数据库管理软件的获取、存储、管理以及分析能力的数据集[2]。研究机构 Gartner 在 2012 年更新了对大数据的定义:大数据是指需要新处理模式才能增强决策力、洞察发现力和流程优化能力的海量、高增长率和多样化的信息资产[3]。在第 426 次香山科学会议报告中,徐宗本院士描述大数据为"不能够集中存储并且难以在可接受时间内分析处理,其中个体或部分数据呈现低价值性而数据整体呈现高价值性的海量复杂数据集"[4]。

通过以上描述可以了解到,虽然众多学者和机构从不同的角度和层次对大数据进行定义,但是他们想要表达的观点基本一致:大数据本质上是一种数据集,其特性与传统数据相比更为突出,在数据的管理方式和技术方法上具有明显差异,按照不同的需求,处理数据的时间和方式也不相同。大数据的根本价值体现在其反映的"大决策""大知识""大问题"等。

2. 大数据的产生

大数据概念的提出意味着数据生产方式发生了巨大的变革。大数据生产方式已经不再局限于时间、地点和人物这三个方面,出现了具有"5V"性质的大数据。

(1)时间连续性。传统数据的生产方式是被动的,当伴随着一定的运营活动时,数据才会被生产出来,这就是"运营式阶段";互联网技术的飞速发展使得各种移动终端和社交媒体产生了海量数据,数据的产生呈现主动性,这个阶段被称为"用户原创阶段";伴随着云计算、物联网和传感技术的高速发展,"感知式系统阶段"随之到来,该阶段数据连续的、自发的海量产生。由此可知,数据的产生通过这三个阶段的历程已经摆脱了对活动的依赖性,不受时间限制连续地产生[5]。

(2)地点无限制性。大数据遍布了人类生产生活的各个方面,存在于包括互联网、教育、金融、科研、航空航天、物联网、政务服务等方面。例如,互联网上的访问记录、交易记录以及浏览痕迹,教育方面的学籍档案、考试信息,金融领域的消费记录以及证券交易,物联网中传感器的信息,科研领域中的各种实验报告数据、论文等,政务服务的人员信息、设备信息等。通过这些例子可以发现,在领域、地点上数据没有限制地大量生产,为大数据的形成提供了基础。

（3）人机物相互协同。由于云计算、物联网等技术的高速发展，"人""机""物"三者之间的协同作用也逐步扩大规模，相互之间的作用越来越明显，数据在三者交互中高速产生。"人"是指一切人类的活动，包括日常的生产、生活、消费，使用连接网络的设备、智能移动终端；"机"即各种信息系统本身，通过互联网所得到的各种网络文件、多媒体等数据；"物"是指周围物理世界所包含的具有采集功能的设备，如传感器、摄像头等。随着云计算、物联网等技术的发展，"人""机""物"相互之间的作用越来越明显，社会资源、信息系统以及物理资源之间的交互性也越来越强[6-7]，连续的、无地点限制的数据生产方式从性质上突破了传统数据的概念，衍生出了"大数据"这一新的概念。

1.1.2　大数据的分类

随着互联网、物联网和云计算等技术的高速发展，现实的社会生产与生活过程中产生了多种类型的大数据。采用不同的分类标准可以对大数据作出各种不同的描述，按数据产生和获取渠道，可将大数据分为五类，如图 1-1 所示。

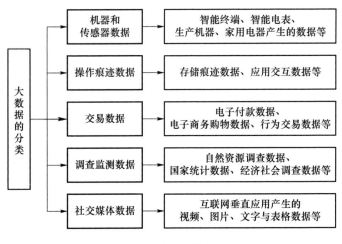

图 1-1　大数据的分类

1. 机器和传感器数据

机器和传感器数据主要是指功能设备创建或生成的数据，如智能终端、智能电表、智能控温器、各种工厂生产机器和连接互联网的家用电器等。这些设备会将数据提供给服务器进行汇总，并且可以与互联网中的其他节点通信。随着物联网的大力发展，物联网所产生的数据不仅可以用于构建分析模型、连续监测，还可以预测对象的行为，是大数据的主要来源之一。

2. 操作痕迹数据

操作痕迹数据是指用户与电子计算机、智能终端等电子设备交互产生的痕迹数据，包括存储痕迹数据、应用交互数据等。存储痕迹数据是将信息输入显示设备存储器产生的痕迹数据，例如计算机存储输入的文本文档；应用交互数据是指用户与设备上的软件程序交互产生的痕迹数据；混合痕迹数据是输入人员信息后，根据计算机的内部指令运行获得的痕迹数据。尽管这些痕迹数据不能直接显示用户的行为，但是可根据剩余记录信息对其进行统计评估，以获得敏感信息或与用户操作行为相关的信息。这些记录对于了解用户操作历史和提取用户行为特征模式非常重要。在政务信息资源整合与利用中，可以对操作痕迹数据进行提取、分析，实现辅助决策的功能。

3. 交易数据

交易数据同样是大数据的重要来源之一，它包括电子付款数据、电子商务购物数据、行为交易数据、Web服务器记录的互联网页面访问数据日志等。这些数据广泛地记录了日常生活中的交流活动，它们是社会生活中复杂且快速变化的数据表现形式。

4. 调查监测数据

调查监测数据主要包括自然资源调查数据、国家统计数据、社会发展与建设数据以及各类经济社会调查统计数据等。国家统计数据及各类经济社会调查统计数据包括经济指标、行业统计、价格信息等，如来自政府部门的宏观经济数据、来自市场调研机构的行业数据、来自各类专业机构的企业数据、来自各类市场监测数据库的商品价格数据等。自然资源调查数据包括测绘地理信息数据、水资源调查数据、森林资源调查数据、地理国情监测数据等。调查监测数据是政务信息资源整合利用的主要信息源之一，通过组织汇聚各种类型和内容的信息资源，实现信息资源分类、提取、关联、汇聚等功能，形成统一信息资源目录，实现资源目录服务。

5. 社交媒体数据

社交媒体是大数据的天然载体。社交类应用泛指以社交功能为基础的互联网应用，包括狭义的社交网站、微博、知乎等互联网垂直应用。社交媒体数据因产生于社交类应用，具有独特性，即群体性、预测性与关系性。社交媒体数据包括视频、图片、文字与表格等数据，是政务信息资源整合利用的数据源之一。

1.1.3 大数据的特征

大数据的特征包含于大数据的定义之中，即数据量大、处理速度快、价值密度低等。2001年,美国麦塔集团(后被Gartner公司收购)分析师Douglas Laney 在 *3D Data Management:Controlling Data Volume,Velocity and Variety* 中指出了大数据最早的3V特征:量(Volume,数据大小)、速(Velocity,资料输入输出的速度)与多样(Variety,多样性)。在Douglas Laney的基础上,IBM先后提出了大数据的4V和5V特征:量(Volume,数据大小)、多样(Variety,多样性)、速(Velocity,资料输入输出的速度)、价值(Value,价值密度)、质量(Veracity,数据的准确性)。这五个特征比较全面地阐述了大数据的性质[8]。

1. 体量浩大

大数据时代催生了数字化生活的生成和交互,使得数据规模剧增。随着科技的进步,数据的生产方式越来越多,存储单位从过去的GB、TB,发展到现在的PB、EB级别,社交网络、搜索引擎等智能工具成为海量数据的主要来源。我国政务信息化历史较短,存量信息较少,但使用人口基数大,政府机构数量多,政务将逐渐智能化,政务数据量将会迅速增长。

2. 多源异构

在大数据背景下,数据模态的多变性和数据类型的多样性对海量数据的分析处理能力提出了更高要求。数据种类包括以企业管理信息、银行财务信息为代表的结构化数据,以社交网络中的图片、语音、视频为代表的半结构化或非结构化数据。政务数据主要以结构化数据为主,非结构化数据相对较少。

3. 生成迅速

每个人都在数字化生活的影响下向大数据提供资料,使得数据传输和交换速率显著提高。搜索引擎可以快速地更新查询几分钟前的信息,各大互联网公司每日产生 TB 级用户数据或交易数据[9-10]。政务的信息化和智能化越来越被各级政府所重视。截止到 2020 年 3 月,我国在线政务服务用户规模达到 6.94 亿人,数据生成迅速[11]。

4. 价值稀疏

数据增长使得数据的价值比例下降,加大了价值发现难度,例如,监控系统中真正有价值的视频段落极其稀少[12]。政务信息资源整合的目的就在于利用海量多源异构数据提取出有价值的数据。

5. 真实可靠

大数据的真实性界定了数据的准确性和可信赖度,即数据质量和保真性。数据的不一致主要是因为对实体表述的不确定性,如同名异义、异名同义或者关系变化,这种现象增加了理解的不确定性。政务数据主要是国家行政机关采集、使用的数据,其精度具有较高的要求[13]。

1.1.4 大数据的处理

大数据的出现改变了许多传统的数据处理技术。例如,大数据采集模式的变化使得数据规模越来越大,与传统数据库相比,其检索、查询、分析和存储都面临巨大的考验,如何快速进行大数据分析是传统数据分析无法解决的问题。因此,对于海量、高速、多源异构、低值密度的大数据处理技术体系的总结如图 1-2 所示[14]。

如图 1-2 所示,大数据处理技术体系主要包括以下四个部分。

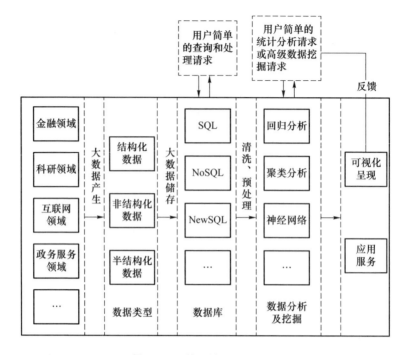

图 1-2 大数据处理技术体系

1. 大数据的采集

大数据的来源涉及多个领域,这些领域包括金融、科研、互联网、政务等,其数据的特点、用户量、数据量等都不一样,按照数据结构可以将大数据分为三种类型:结构化数据、半结构化数据以及非结构化数据。大数据采集面临信息源海量、数据高速生产、并发数高等挑战。

2. 大数据的存储

随着互联网、云计算技术的提升,在分布式存储基础上建立的云存储发展成为大数据存储的主要趋势。大数据存储的主要挑战是数据种类繁多、数据量大。

3. 大数据的分析及挖掘

大数据的分析主要是指数据的基础统计分析以及分类汇总，其面临的挑战在于用户查询请求过多，数据导入量大；大数据挖掘涉及数据的分类、聚类等，其算法复杂，计算量大。

4. 大数据可视化以及应用服务

将大数据的分析和挖掘结果以友好、生动、易于理解的形式在显示终端进行展示，专业人士对此进行应用，还可以对结果的准确性进行判断，为用户提供决策信息支持[15]。大数据可视化及应用的挑战在于数据维度高、用户需求多样。

1.2 政务信息资源

1.2.1 政务信息资源的内涵

政务信息资源是指政务部门在履行职责过程中制作或获取的，以一定形式记录、保存的文件、资料、图表和数据等各类信息资源，包括政务部门直接或通过第三方依法采集的、依法授权管理的和因履行职责需要依托政务信息系统形成的信息资源等[16]。可以看出，政务信息资源主要包括政府为管理国家行政事务而收集、处理和使用的信息资源，政府事务管理过程中产生的信息资源，政府或财政部门投入、建设和管理的信息资源。

政务信息资源是政府工作的重要基石，加快国家信息系统联动，实现信息资源交流，可以显著提高行政效率，对提升政府管理水平起到积极作用。为了使政务信息资源价值增值，国务院、各部委、各省市相继出台了一系列管理办法和实施方案，提出指导方针，明确共同原则和要求，从根本上打破信息建设和管理碎片化的现状，消除"信息烟囱""信息孤岛"，使信息成为有效分配和高效利用的资源，更好地为政府和社会公众服务。

1.2.2　政务信息资源的特征

政务信息资源是一个内涵丰富的概念，它的普遍性决定了其特征。从其内涵的逻辑层面来看，政务信息资源至少包含三个特征：①它是一种资源，具有资源的"自然"属性，是人类活动中自然形成的大量数据集；②它是一种具有知识性、交流性、稀缺性、话题性等属性的信息资源；③它是政务信息资源，因此它具有公共服务性、决策性和权威性的特点。然而，随着现代信息技术的高速发展，政务信息资源的特征不仅仅是上述三个逻辑层次特征的简单重叠，也有其自身的内在特征[17]。

1. 多维性

政务信息资源的多维性，从信息学上说，是指其在信息技术环境下可以进行各种标量、矢量与张量的多维立体显示；从管理学上说，多维性是指可以接受多角度、多形式、多渠道、全方位的读取、管理和利用。

2. 交互性

交互可以理解成一种强调互动互相交流。政务信息资源的交互性意味着用户可以自己选择、接受和反馈信息。政务信息资源借助于网络技术实现了政府与政府、政府与企业、政府与社会公众的双向互动，彼此之间能够进行即时互动的沟通和交流。

3. 开放性

信息资源都具有开放性，但是政务信息资源的开放性更为突出。我们说政务信息资源的开放性强,一是指获得政务信息资源的渠道更多,获取手段更为容易;二是指政务信息资源的开放范围扩大[18]。

4. 集成性

集成性是指一个整体的各个部分间能彼此有机地、协调地运作,以发挥整体效益,达到整体化的目的。政务信息资源的集成性主要源于它是关于文字、曲线、二维图形、三维体、动画及其声音的有机集合体,借助于现代信息技术,政务信息资源不是静态的、孤立的、单一的,而是开放的、大范围的,这种多媒介信息的集成性决定了政务信息资源不仅内容丰富,而且可视性强,激发信息用户的形象思维,加快信息用户对信息或数据的处理速度[19]。

1.2.3 政务信息资源的分类

政务信息资源分类是信息交流、资源整合和信息共享的重要前提,也是实现政务信息化和向公众提供一站式服务的必要前提。政务信息来源有多种类型,例如,按照信息运行状态可分为连续信息、间隔信息、常规信息和突发信息;根据信息表达的形式可分为语言信息、文本信息、数据信息、图形图像信息等;根据信息传递的方向和特点可分为上情下达信息、下情上报信息、横向交流信息;按照政府使用信息的目的可分为公共信息、服务信息、常规办公信息和市场信息;按信息功能可分为政府决策信息、各行各业服务信息、反馈信息和政府间交流信息[20]。按照政务信息资源的存储类型可分为以下四种类型。

1. 结构化数据

结构化数据是指形式结构满足关系数据库存储要求,数据之间关系相对清晰的一类数据。结构化数据存储集中、使用方便，在业务信息的传输中占有很大的比重，已成为数据存储的主要形式，而且数据之间存在一定的相关性，大量的数据包含丰富的信息，这是数据获取和信息归纳的重点研究对象。在大数据背景下，关系型数据库存储了海量、高密度的数据，为了解决数据冗杂的问题，特别对结构化数据进行整合，这样不仅极大地方便了信息检索、管理和传输，还有助于政府对国家信息资源实施数据管理和精细化运营。

2. 网页文本数据

随着互联网的快速发展，网站上的文本数据越来越多，人们对互联网数据主动获取的需求也越来越大。目前，互联网主要包含大量的数据信息，包括字符、文本、图像、视频等，而网页文本数据是日常事务中最常见的信息形式，其中大部分以超文本标记语言的形式存储。网页文本数据的整合是近年来数据采集和信息检索研究中的一项关键技术。信息存储和发布方法的变化在数据的快速定位、筛选、提取、融合以及分析和解释方面带来了技术和理论挑战。

3. 空间数据

空间数据描述信息世界中空间对象在现实世界的特定地理方向和空间分布，包括从宏观、中观到微观的整个层面上空间实体的属性、数量、位置和相互关系，它可以是高程、长度、面积、体积、像元的灰度等数值，地名、注记等字符串，图形和图像等多媒体组件，空间关系等拓扑结构[21]。空间数据集成的目的是实现不同的平台、不同的数据格式、不同的组织结构和不同的坐标系下的数据转换和共享，以保持数据的有用性，促进政务信息资源的优化管理。

4. 多媒体数据

由于多媒体和网络技术的飞速发展,大量的图像、视频、文本、音频等多媒体数据迅速产生。多媒体数据是指多种不同类型媒体数据的集合,包括文本、图形、图像、音频、视频、动画等。这些媒体信息的获取、处理和传输是通过不同的媒体进行的,每种媒体的处理都有自己的理论和技术[22]。多媒体数据整合旨在解决人类社会、物理空间和信息空间中具有跨模式、跨数据源、跨空间特点的多媒体数据的相互集成问题,从而探索海量多媒体数据丰富的社会和经济价值。

1.3 政务信息资源整合利用

1.3.1 政务信息资源整合的意义

政务信息资源整合是指将不同来源、不同类型的数据进行整合,在整合后的信息资源基本上实现统一、实用、便捷的信息共享与综合服务。通过组织汇聚各种类型和内容的信息资源,实现信息资源分类、提取、关联、汇聚等功能,形成统一信息资源目录,实现资源目录服务。统一规划和统筹建设信息资源,对于数据来源、数据保障、数据交换方式、数据途径等进行梳理,利用技术手段实现数据资源统一、高效的处理应用,为运用决策模型实现科学决策提供基础数据。我们可以从以下三个方面阐述政务信息资源整合的意义[23]。

1. 有利于提高政务信息资源的利用效率

政务信息资源蕴含着大量的社会经济价值,对推进政府履职和政务运行具有重要意义,如果处于分散、无序、孤立的状态,那么这一价值必然会大大降低,难以发挥其应有的作用。通过政务信息资源整合,经过适当的配置和深入的开发(二级甚至三级发展,如指数、摘要、总结等),其可以在社会资源配置中发挥更大的作用和价值,对辅助领导宏观决策起着深远的推动作用。

2. 有利于提升政府的服务水平

当前,我国政府正从传统的管理型政府向服务型政府转变,政务信息资源整合是其转型措施之一,通过政务信息资源整合,用户(包括企业、机构、公民等)可以更轻松、更快地通过网络或其他手段全面、准确地获取政务信息资源和服务,有效提升政府政务服务水平,让用户尽可能地满意。

3. 有利于信息产业和企业的发展

政务信息资源处于垄断和部门分割状态,其作为原材料或初级产品的投入有限,阻碍了企业利用政务信息资源增值,信息作为产品在增值过程中所带来的收益显著减少,从而影响信息内容产业的发展[24]。政务信息整合的具体实施方法如交换、开发和使用等,允许信息服务业和信息增值业依靠政府授权的基础信息进行生产,从而创造巨大的经济和社会价值,促进信息和信息产业的快速发展。

通过对政务信息资源的整合利用,发挥了政务信息资源的价值,是数字时代推进国家治理体系和治理能力现代化议题中的应有之义。

1.3.2 政务信息资源整合的原则

政务信息资源整合是为了利用,因此在政务信息资源整合过程中应遵守以下六个基本原则。

1. 客观性原则

信息资源整合是以信息资源为对象，而信息资源本身是客观存在的，无论是对客观世界的认识，还是人类通过认识客观世界而形成的对主观世界的认识，都属于信息资源的范畴。因此，政务信息资源整合应根据信息资源的客观性进行有效分类，充分反映信息资源的内容和信息资源之间的内在关系，并揭示其变化规律[25]。

2. 科学性原则

人们在信息资源的处理过程中一定要按照科学性原则，配合科学的方法，系统地反映不同类型政务信息资源的特殊性，发现不同学科之间的差异，把不同类型的信息资源有机地整合成一个科学有序的单元。

3. 层次性原则

层次性原则是指信息资源整合的结构性（多维性）。信息资源本身具有不同的类型和层次，为了更好地提供用户服务和科学服务，我们需要根据不同来源数据的类型和级别，以适当的方式整合不同的维度。

4. 针对性原则

信息资源的多样性和内容的差异性决定了单个用户不同的信息需求，因此需要根据用户特点和信息需求对信息资源进行整合，通过问询和了解用户的切实需求来提供有针对性的信息服务。

5. 系统性原则

信息资源是一个整体，无论是传统的文献信息还是网络信息源，都是信息系统的重要组成部分。影响信息系统的因素很多，例如，人力资源的开发利用给系统带来了新的信息。因此，我们需要从系统论的要求出发，客观、全面地分析信息资源的特点，采取切实可行的步骤和方法，对信息资源进行有意义的整合，使信息资源整合符合系统性原则，充分提高整合信息资源的总体效益。

6. 发展性原则

信息资源不仅本身具有累积效应和稳定增长的趋势，而且信息资源整合的技术和方法也会随着时间、环境的变化和科学技术的发展而变化。随着计算机技术和信息技术的发展，搜索引擎、数据挖掘、数据仓库、机器翻译、数字图书馆等新技术不断涌现。信息资源整合要与时俱进，缩短新技术在信息资源整合中的应用周期，促进信息资源整合的发展。

1.3.3　政务信息资源整合的模式

政务信息资源整合模式的选择是实现政务信息资源整合与共享的基础，需要结合我国国情和各地方的实际情况因地制宜地进行[26]。不同的学者对政务信息资源的整合提出了不同的观点。何振则认为，构建政务信息资源共建共享模式的重点是充分考虑政府及其职能部门之间的权力引导、利益驱导与信息交流的关系，并在此基础上设计了三种不同方位的共建共享模式，即垂直型模型、水平型模型和交叉型模型。洪伟达提出，纵向整合是指通过对现有政务信息资源进行快速流通、高效利用及深度加工最终实现信息价值上的增值，横向整合则是指将孤立分散的政务信息资源一体化、整体化、系统化的过程。将这两种观点进行整合就得到了纵向整合、横向整合和交叉整合三种模式。

1. 纵向整合

信息资源的纵向整合主要侧重于政府组织管理的连续性和程序性。这种整合和共享信息的信息空间分为两种形式：一是直接由基层政府的中枢机构组成，形成网络化信息空间的底层结构，提供两条轨道（自上而下和自下而上）实现从中央政府到地方政府的政务信息双向运行；二是由中央职能部门到地方职能部门的信息机构组成，形成一个与政府间骨干信息结构大致平衡的带状网络，这种整合模式最重要的应用是政府建立的专用网络，包括海关总署专网、国家税务总局专网、公安部专网等。

政务信息资源的纵向整合和共享是国家体系内的一种合作形式，各级政府、不同部门的政府机构都建立了自己的信息资源管理系统、信息资源安全系统、公文信息系统、信息资源使用系统和信息传输系统，以最大限度地开发和共享全国系统内的信息资源。

2. 横向整合

信息资源的横向整合主要集中在政府机构工作的相似性上，根据同级部委工作的相关性，可以构建一个横向结构的网络化信息空间，基于政务信息资源的开发与交换，在这一空间内，信息交换实时进行，信息反馈及时。

政务信息资源的横向整合共享实际上是一个协调信息发展和交流的跨区域性系统，即在省、市（县）范围内建立共建共享网络，这样一个信息资源共享网络以该地区的所有地方政府和所有直属政府机构为对象。

3. 交叉整合

交叉式的信息资源整合模式主要关注政府的独立性、特定区域性和组织体系的完整性之间的有机结合区域。真正的政务信息资源共建共享必须在政府组织的独立性、特定区域性和组织体系的完整性有机结合的基础上建立一个广泛的网络，让信息流、利益流和权利流相互联系、共同作用。

这一模式根据共建共享层次可分为三种形式：微观形式，即面向政府部门内部电子文件的综合管理；中观形式，即面向政府系统信息资源的计算机综合管理；宏观形式，即面向公众建立政府公共信息网络。刘焕成和孙晓玲[29]提出，在中央、省、市、区县建立四级政府信息网络平台，实现各级信息资源的横向整合和共享。

根据多样的整合模式，可以将不同类别、不同情况的政务信息资源进行集中整合，综合管理，这不仅体现了政务信息资源整合的系统性原则，而且可以灵活运用不同模式，将多样的模式在适当的情况下系统实现，完善了政务信息资源整合模式的理论实践，加强了实际应用，将整合做到更加简洁高效，目标明确。

1.3.4　政务信息资源整合的内容

政务信息资源整合是指政务信息资源优化组成过程和生存状态，为实现信息互通，加强系统的关联，提高信息资源的利用率，达到信息资源共享的目标，按照一定的原则，把信息资源系统中孤立存在的信息源作为对象，对信息整合的功能结构和互通信息进行整合，形成利于公众搜索、使用率高、数据库内信息量更多的政务信息资源体系[30]。其主要任务是建设信息资源整合管理系统工具，组织汇聚各种类型和内容的信息资源，实现信息资源分类、提取、关联、汇聚等功能，形成统一信息资源目录，形成资源目录服务；实现信息的快速检索与个性化服务，提供统一、实时、动态信息支撑，进行跨库检索服务；运用知识管理的理论与方法通过知识的生产、收集、传递与利用，构建知识图谱，完成资源的展现和应用，实现信息资源共享，形成政府知识资源，建立知识型政府。

1. 政务信息资源整合利用

政务信息资源整合是指将分散管理的各类信息资源如网页文本数据、结构化数据、多媒体数据、空间地理等数据按照不同的技术方法和原则进行整合与管理。整合之后形成全文数据库、数据立方体、视频综合库、多源多尺度空间地理数据库等综合信息资源库。开发利用综合信息资源库，结合全文搜索、联机分析、基于主题的内容检索、多维度地理数据可视化等工具，实现信息的有效共享与综合服务。

2. 政务信息资源跨库检索服务

政务信息资源跨库检索服务通过对不同异构数据源进行映射及存储、将映射规则关系构建映射关系数据库、将检索指令转换成数据库查询语句和多任务并行处理等一系列过程，实现政务信息资源的共享，用户只需要查询一次，便能够同时对多个政务信息资源的数据库进行一站式的透明化访问。这样不仅提高了用户资源检索的效率，而且在很大程度上改善了对资源库的利用率。

3. 政务信息资源知识管理和应用服务

政务知识管理是关于政府知识资源的管理，能深入挖掘隐藏在政务信息中的内部价值，发现各信息之间的关系，实现知识信息共享建设。在知识管理系统架构方面，通过基础网络层实现多部门、上下级的资源信息传输；设计核心数据层，优化数据的组织与管理；基于底层功能模块和操作功能模块，实现资源的展示、检索与导航，构建知识图谱等应用服务。从数据的管理流程来看，政务知识需要首先完善数据的存储组织结构，然后实现知识信息的提取，并依次构建知识分类体系和知识关联结构，最后完成知识的展现，从而提高政府管理能力和管理水平，建立知识型政府，促进管理的知识化、服务的知识化，形成可持续发展的知识服务体系。

本章参考文献

[1] BigDate[EB/OL].(2012-10-02)[2021-11-13].http://en.wikipe-dia.org/wiki/Big-data.

[2] MANYIKA J,CHUI M,BROWN B,et al. Big Data:the next frontier for innovation, competition and produotivity[R]. Mekinsey Global Institute,2011.

[3] Gartner. ITglossary-bigdata[EB/OL].(2021-08-11)[2021-11-13]http://www.gartner.com/it-glossary/big-data.

[4] 徐宗本,张维,刘雷,等."数据科学与大数据的科学原理及发展前景"—香山科学会议第462次学术讨论会专家发言摘要[J].科技促进发展,2014,10(1):66-75.

[5] 孟小峰,慈祥.数据管理:概念、技术与挑战[J].计算机研究与发展,2013,50(1):146-149.

[6] 李国杰,程学旗.大数据研究:未来科技及经济社会发展的重大战略领域[J].中国科学院院刊,2012,27(6):647-657.

[7] 武延军.大数据时代已经来临——人机物融合的大数据时代[J].高科技与产业化,2015(5):46-49.

[8] 陶水龙.大数据特征的分析研究[J].中国档案,2017(12):58-59.

[9] 杨善林.大数据中的管理问题:基于大数据的资源观[J].管理科学学报,2015,18(5):1-7.

[10] 孟小峰.大数据管理:概念、技术与挑战[J].计算机研究与发展,2013,50(1):14-19.

[11] 梁飞,卜忠贵,李玮.5G时代大数据特点和数据量预测方法研究[J].电信工程技术与标准化,2021,34(8):6-10.

[12] 陈国青.管理决策情境下大数据驱动的研究和应用挑战——范式转变与研究方向[J].管理科学学报,2018,21(7):1-9.

[13] 殷芙萍,江秋语.基于神经网络的大数据分析方法[J].软件导刊,2020,19(09):39-42.

[14] 彭宇,庞景月,刘大同,等.大数据:内涵、技术体系与展望[J].电子测量与仪器学报,2015,29(04):469-482.

[15] 任永功,于戈.数据可视化技术的研究与进展[J].计算机科学,2004,31(12):92-96.

[16] 国务院.政务信息资源共享管理暂行办法(国发〔2016〕51号)[EB/OL].(2016-09-19)[2022-02-21].http://www.gov.cn/zhengce/content/2016-09/19/content_5109486.htm.

[17] 何振,蒋冠.试论电子政务信息资源的内涵与特点[J].图书情报工作,2005(02):70-73.

[18] 宁连举.电子政务信息资源共享系统的博弈分析[D].北京:北京邮电大学,2007.

[19] 江泽颖.电子政务信息资源共享平台的设计与实现研究[D].长春:吉林大学,2016.

[20] 张洪彬.电子政务发展阶段与行政效率提升的关系探讨[J].成都行政学院学报,2006,14(6):34-35.

[21] 王树良,丁刚毅,钟鸣.大数据下的空间数据挖掘思考[J].中国电子科学研究院学报,2013,8(1):8-17.

[22] 黄晓萍.多媒体数据库技术研究[D].北京:中国原子能科学研究院,2003.

[23] 洪伟达.电子政务信息资源整合概述及其与增值开发的关系电子政

务[J].电子政务,2011(5):74-78.

[24] 王芳.阳光下的政府:政府信息行为的路径与激励[M].天津:南开大学出版社,2006:125.

[25] 张开选.信息资源整合的原则和方法研究[J].图书馆论坛,2004(05):172-173+147.

[26] 牛力,李月,韩小汀.我国政务信息资源整合与共享研究综述[J].情报杂志,2013,32(05):170-175.

[27] 罗贤春,李阳晖.我国电子政务信息资源共建共享模式[J].图书管理论与实践,2006(4):45-46.

[28] 何振.电子政务信息资源共建共享的模式建构与优化[J].现代图书情报技术,2005(6):70-75.

[29] 刘焕成,孙晓玲.电子政务信息资源开发中的知识管理与信息共享[J].情报科学,2006(11):53-58.

[30] 刑小玉.电子政务信息资源整合研究[J].创新科技,2017(12):85-87.

第 2 章　政务信息资源整合利用的发展现状

2.1　政务信息资源整合利用的背景

20 世纪 90 年代，随着信息技术的迅猛发展，特别是互联网技术的普及应用，我国电子政务建设迅速发展，以"金关""金税"为代表的金字工程成效显著，政务信息化取得了较大成绩。然而，随着政务信息系统建设的普遍开展，"数据孤岛""信息烟囱"等现象日益凸显，制约了政务信息资源的共享和集约利用，信息资源整合迫在眉睫。

2002 年 8 月 5 日，《中共中央办公厅、国务院办公厅关于转发〈国家信息化领导小组关于我国电子政务建设指导意见〉的通知》（中办发〔2002〕17 号）强调指出，"我国电子政务建设必须充分利用已有的网络基础、业务系统和信息资源，加强整合，促进互联互通、信息共享，使有限的资源发挥最大效益"。2006 年 5 月 8 日，中共中央办公厅、国务院办公厅印发《2006—2020 年国家信息化发展战略》，把政府信息资源整合列为电子政务建设的一部分，文件在"推行电子政务"一节中指出："加强社会管理，整合资源，形成全面覆盖、高效灵敏的社会管理信息网络，增强社会综合治理能力"。这充分说明了信息资源整合利用在国家信息化过程中是不可或缺的。

2016年3月16日，《"十三五"规划纲要》出台，在"实施国家大数据战略"一章中提出："全面推进重点领域大数据高效采集、有效整合，深化政府数据和社会数据关联分析、融合利用"。同年4月19日，习近平总书记在网络安全和信息化工作座谈会上指出："要以信息化推进国家治理体系和治理能力现代化，构建一体化在线服务平台，打通信息壁垒，构建信息资源共享体系"。李克强总理在十二届全国人大五次会议上作的政府工作报告中指出"加快国务院部门和地方政府信息系统互联互通，形成统一政务服务平台"。

2017年5月3日，国务院办公厅印发了《政务信息系统整合共享实施方案》（国办发〔2017〕39号），文件指出要针对我国政务信息化建设的"各自为政、条块分割、烟囱林立、信息孤岛"问题，进一步采取相关措施推动政务信息系统整合共享。政务信息系统整合共享是我国电子政务发展的必经阶段，所以必须对其进行相关的探索与建设。

多年来，国家不断出台相关政策和文件推进电子政务建设，加快信息资源的整合利用。信息资源的整合利用，简单来说，能够确保管理者同时处理来自多个不同渠道的信息，并将其充分利用起来；往更深层次来说，它是支持组织结构转型和跨机构、跨地区沟通方式转型的重要力量[1]。因此，有效管理、合理开发和利用信息资源对促进政府职能转变、提高行政效率、增强监管和服务能力、推动全社会信息化持续健康发展具有重要意义。

2.2 政务信息资源整合方法的研究现状

2.2.1 基于主题的政务信息资源整合

政务信息资源内容大多以主题为轴、时间为序排列组织,但是主题的分类方法在各个系统中并不一致,时间序也不严格,基本上是每个信息系统都有各自一套资源分类模式和模型,这种情况给用户浏览和查询信息造成不便,不利于信息共享、综合服务。因此,在实践中常采用主题法来对其进行整合和管理,使用户浏览和查询信息的过程更加简便、高效。

主题法是按照政务信息资源内容的主题名称来揭示和排检政务信息资源的方法,是通过词语间的基本关系,将独立、分散的主题词有机地联系起来,间接体现政务信息资源体系的逻辑关系。目前,主题法大致分为两种,一种是主题词表。主题词表是从大量的自然语言常用词语中优选出来并经过规范化处理后的词和词组的集合,借助于主题词表,可对政务信息进行科学标引、概念描述与定位、分类等,实现政务资源的加工规范化、标识有序化以及政务信息的共享[2]。最具代表性的是我国的《电子政务主题词表》,这是我国第一部遵循国家标准编制的电子政务主题词表,是目前国内收词量最多、专业覆盖面最广的电子政务主题词表。该词表是我国将主题法运用于电子政务信息资源组织的成功尝试。高文飞等提出了对我国《综合电子政务主题词表》进行分面化改造的构想,为《综合电子政务主题词表》的进一步修订探索了方向[3]。另一种是以特定信息属性为主题构建的政务信息资源分类体系,如按照信息类型、信息主题、信息功能进行划分,以公民为主题、以政府业务流为主题、以经济社会重大问题为主题等[4]。

2.2.2 基于元数据的政务信息资源整合

简单来说，元数据（Metadata）是关于数据的数据，或者说是描述数据的数据，它是一种结构化的信息，用于对某项信息资源进行描述、解释、定位，使其易于提取和使用[5]，它提供各种资源的特征和属性等相关信息的结构化数据，可处理各种形式的数字化和非数字化数据资源，能较好地解决信息资源的描述、发现、控制和管理问题[6]。使用元数据对异构数据进行抽象和概括，有助于把原本独立、互异的系统整合起来，有利于数据资源的整合与传播。

根据元数据的具体功能，一般分为描述型元数据、存取控制型元数据、结构型元数据、管理型元数据等。描述型元数据用来描述、发现和鉴别数字化信息对象，主要用来描述信息资源的主体和内容特征；结构型元数据用来描述信息资源的内部结构；存取控制型元数据用来描述数字化信息源能够被利用的条件和期限，以及知识产权特征和使用权限[7]。

许君、魏琛专门针对政府机构概述了元数据的含义，论证了在电子政务中使用元数据的重要性，提出构建电子政务元数据的组成和结构并简单论述了电子政务元数据未来的应用和发展[8]。曹树金全面论述了世界上主要的两种政府元数据标准——GILS 和 DC-government，比较了多国政府元数据标准及其本土化应用，提出了建设我国政府元数据框架的设想[9]。赵志荣和张晓林专门对 GILS 元数据的总体结构和 GILS 子元素作了详细的列表介绍，对于 GILS 的应用情况以美国和加拿大为例进行了简单阐述[10]。李春潮详细总结了其他国家使用 GILS 的经验，分析了政务信息资源自身的特性和管理特点，并强调有必要在我国建立政府信息资源元数据的标准[6]。张宇、蒋东兴等提出了一种可对分散系统中的异构数据集进行集成，对集中的元数据信息进行统一管理，并为用户提供单一入口查询的整合方案,并且该方案已经取得了可观的经济效益[5]。

2.2.3 基于本体理论的政务信息资源整合

政务信息资源迅猛发展,现有的技术互操作性差,各类信息资源缺乏逻辑性的组织,导致该问题出现的主要原因是海量的政务信息资源不能以一种机器可以理解的方式进行组织,最终导致使用率低,无法最大限度地利用它们。本体作为一种能在语义和知识层次上描述信息系统的概念模型,明确地定义了领域中使用的概念及其相互关系,在机器之间架起一道桥梁,使得资源的交互性更加容易[11]。

本体理论一直是知识工程、自然语言处理、智能信息集成、知识管理和电子商务等领域中的研究热点[7]。基于本体的信息整合基本做法是在资源集合的上层构建一个可以反映资源知识架构的本体概念模型,对该领域资源进行语义标注,从而实现领域知识的检索[12]。这种整合方式可以应用在领域信息门户站点资源整合、异构资源系统整合及网络数字资源等多个领域。

本体在资源整合中的主要作用就是描述信息资源的语义及说明信息资源的内容,从而对语义相关的信息概念进行识别和汇总。刘杉在文章中首先对本体理论及语义网络基础进行了介绍;其次介绍了学习对象、教育资源和学习对象元数据,描述了搭建教育资源整合模型的基础知识,在对两个国家标准进行描述后,提出了基于本体的教育资源整合模型;最后实现了基于整合模型的教育资源库的关键技术,教育资源领域本体的构建、基于本体的知识推理技术和基于本体的教育资源语义检索技术,为教育资源库建设的全面展开铺平了道路[13]。李佳培在电子政务信息资源的本体构建中首先分析了国内外的政务资源整合和共享的经验,其次研究了电子政务信息的底层知识组织方式以及建立本体比较成熟的技术方法,最后提出了构建电子政务领域本体的政务信息资源整合方法[14]。王斌结合山西省人大常委会信息化建设项目"地方人大常委会电子政务信息资源共享与应用系统",在全面总结相关研究的基础上,按照系统工程的建模方法,对基于本体的政务信息资源元数据模型和基于该模型的政务信息资源整合方法展开了全面的研究[7]。

2.2.4 基于空间位置的政务信息资源整合

政府管理涉及自然环境、经济、人口、社会等各个方面的信息,这些信息多数与空间位置密切相关。空间数据基础设施已经被列为国家信息化建设的重点任务之一。采用地理信息系统技术作为支撑技术,实现多种空间、非空间信息资源的有效整合,并能以二维或三维图形的方式表述空间要素发生的时空分布及演变状况,便于政府部门了解信息,做出科学的决策。

基于空间位置的政务信息资源整合的具体方法是以基础空间数据为基准框架,通过统一空间位置、地理编码将各种信息进行关联、定位,依靠坐标基准实现数据的关联,实现各类政务信息整合,在此基础上为政府人员提供综合信息服务。在宏观方面,基于区域单元整合资源、环境、经济、社会活动等信息;在中观方面,按照要素空间分布整合土地、环保、交通、人口、税务、教育、医疗、文化等专题信息;在微观方面,根据热点问题的具体地点整合事件信息。

为了实现基于语义的多源异构空间数据有效整合,其技术路线主要为:首先,构建空间数据整合的相关基础参考资源库,主要包括具有层次语义关系的基础地名地址库、空间数据主题分类库等;然后,利用文本信息抽取技术,实现以空间数据为目标对象的地名地址、主题信息、文本属性等相关信息的抽取;最后利用地名地址、主题属性、文本属性等多维空间数据特征属性信息进行语义匹配和相似度计算,根据匹配结果进行选择性融合和扩展,实现面向文本的多源异构空间数据的语义整合。何望君、曹巧云等利用地理网格方法处理数据,将多源政务信息资源进行空间定位,按照多级行政区划进行网格分配和编码,实现多尺度、多时态、多指标政务信息资源网格化管理[15]。卢战伟、赵彦庆等首先简单概述了空间信息资源整合与服务的含义,然后着重描述了基于面向服务架构实现空间信息资源整合与服务的模式[16]。赵宝林通过对基础空间信息和电子政务在国内外建设与应用现状的对比分析,总结了二者的发展趋势与存在的问题,提出了基于基础空间信息构建电子政务基础信息框架、整合电子政务信息资源的方法与技术路线,结合典型的政府业务与政务资源,搭建了电子政务基础信息框架雏形[17]。

2.3 政务信息资源整合利用的应用研究

通过对政务信息资源的整合,可以将分散、独立的信息资源有机组织起来,共同支撑政务信息资源的更好应用。一是实现政务信息资源一体化知识化管理,提高管理水平;二是支撑跨系统、跨部门的政务信息资源检索,提高检索效率;三是支撑智能综合的政务信息资源服务,提升服务效能。

2.3.1 政务信息资源管理

电子政务信息资源数量庞大,变动频繁,用户在获得信息带来的便利的同时,也感受到海量信息的沉重负荷[18]。因此,必须对电子政务信息资源进行知识管理,以便这些信息资源能被更好地检索、共享和利用。

"知识管理"一词最早出现在管理学大师彼德·德鲁克于1988年发表的《新型组织的出现》一文中,它包括两方面的含义:一是对信息资源的管理,从这一点上看,它是信息资源管理的深化与发展;二是对人的管理,一部分知识来源于编码化信息,还有很重要的一部分知识来源于存在于人脑中的未编码的信息[19]。这一点是很有意义的,因为归根结底指导我们行动和最终做出决策的恰恰是这些隐性的知识。

在知识管理中,知识的获取、存储、传递、共享与创新是螺旋上升式的递进式循环过程,在这个过程中穿插着大量的显性知识和隐性知识[20]。罗贤春从知识管理角度重点阐述了显性信息资源、隐性信息资源、显性与隐性的转化构建方法,从而得出知识管理是电子政务信息资源构建的基础的结论[21]。对于知识管理在电子政务信息资源整合上的应用,使信息资源得以更好地共享和利用,孙琦叙述了基于知识管理来构建电子政务信息资源整合的体系,首先以知识管理为基础简单阐述了电子政务信息资源整合体系的内涵,其次分点详细讲述了电子政务信息资源整合体系构建的主要目的,最后基于知识管理分析了电子政务信息资源整合体系的功能设计,结果表明该体系的功能设计有利于充分发挥政务信息资源整合的作用[22]。

叶飞采用理论研究与应用研究相结合的基本思路,以情报学、知识管理、知识工程、信息构建、行政管理、心理学等理论和方法为指导,运用主题图的相关理论和技术,结合知识管理思想,提出基于主题图技术的政务门户知识管理理论与方法,并在此基础上设计了一个基于主题图技术的电子政务知识门户原型系统,以实现政务信息资源的合理分类、组织、存储、共享和整合,提供更加个性化的电子公共服务,提高政务资源的利用率和知识管理的有效性[23]。周九常、高洁等通过建设统一的政府信息资源库、建立政府信息共享机制以及建立统一的电子政务信息资源应用流程来最大限度地实现电子政务信息资源的整合共享,实现基于知识管理的电子政务信息资源整合[18]。在这个飞速发展的时代下,知识管理已经是个不可逆转的趋势,要努力在最大限度上实现电子政务的信息资源共享和利用,争取应用到更多的领域和方向,使其物尽其用。

2.3.2 政务信息资源检索

面对数字资源多、平台多、结构差异大的状况,有必要建立一个统一检索界面,数字资源海量、检索速度快、资源定位准确性高、操作使用简捷一体化的信息服务平台,这种信息检索方式有助于用户节约时间和精力[24]。

目前,也有许多学者把本体研究应用于信息检索领域并取得了一定的成果。武成岗等提出了基于本体和多智能主体的信息检索服务器,该系统利用本体协助智能主体对网络上的信息源进行领域分类,并对用户信息检索的模式进行规范化。由于它只提供给用户所关注领域的检索结果,因而查准率较高[25]。徐振宁等提出了一种将知识表示和知识处理引入互联网信息处理的方法,该方法通过构造标准化的领域本体,把本体作为信息检索系统的核心部分,为互联网上半结构化的数据和关系型数据库提供了统一的语义模型[26]。万捷营等提出了基于内容的信息检索系统,该系统利用本体对检索条件进行语义填补和扩充,同时利用文档分析器对检索的文档进行过滤,从而提高了查准率[27]。曹锐、陈刚和蔡铭针对目前在网络化的制造资源检索过程中存在语义信息表达不足的问题,提出了一个基于本体的制造资源获取和智能检索系统结构[28]。

总体来说,目前本体运用到信息检索系统中的主要作用是通过本体来判断文档的领域,并对文档按照领域来分类,通过本体的逻辑推理功能,判断用户给出的检索关键字所属的领域,分别将该领域及其属下的相关概念和定义以本体的形式返回给用户,从而帮助用户把未清晰表达、未意识到的客观信息需求进一步显性化。

2.3.3 政务信息资源服务

随着信息社会的来临,电子政务信息服务功能也随着政府职能由管理型向服务型转变发展起来,其核心是通过整合政府内部以及各种社会服务资源,为公众的日常生活、工作学习和企业的生产经营活动提供基于政府网站的在线信息服务[29],特别是市县级政府网站与基层公众的联系十分紧密,其在线信息服务质量直接影响公众对政府网站使用的满意度,也是衡量电子政务信息服务质量的重要指标[30]。从政府职能转变的角度出发,代表性观点有:由于公共信息的特殊性质,按照市场经济规律,非政府组织不能或者不愿或者不应该提供这方面的服务[31]。为提高国内市场资源配置效率、增强企业国际竞争力,在当今信息社会,政府的重要职能之一是加强信息供给。"以客户为中心的'一窗口'服务"[22-34]从信息、公共信息、公共信息服务的概念界定作为切入点,研究分析了政府在公共信息服务的定位问题。

基于电子政务的环境下,研究政务信息服务这一专题的文献数量众多。由邓贵仕教授主持的国家自然科学基金资助项目子课题研究认为电子政府的职能之一就在于通过不同的信息服务设施,向公众提供信息服务。网络的强大支持为电子政府更好地行使这一职能创造了条件。但电子政府要想切实履行信息服务职能,实现政务信息化[34],还必须从自身出发,采取行之有效的措施:建设政府网络,实现信息资源共享[35];规范信息的获取和利用;提高信息服务手段的技术含量;转变服务导向;加快机构、队伍建设;开拓信息发布形式;建立职能机构;创建法律、法规。只有各方面配合进行,电子政府的信息服务职能才能真正落到实处。阎英科在电子政务建设中，主要探讨了"政府上网工程"对信息服务工作的影响，指出信息工作要适应社会信息化的需要，在变革中寻求发展[36]。吴吉义对英国政府公共服务改革进行了简要介绍，并在此基础上对"电子政府"的信息过程进行了模式分析[37]。国家信息中心常务副主任王长胜教授提出，信息时代政府治理模式发生改变，电子政府以其典型的服务行政模式成为信息时代中国行政管理的必然选择[38]。

本章参考文献

[1] 高娴. 电子政务信息资源整合评价研究[D]. 徐州：中国矿业大学，2014.

[2] 赵新力，刘春燕，盛苏平. 主题词表在电子政务中的作用及其编制规则[J]. 信息技术与标准化，2004（10）：21-23.

[3] 中国科学技术信息研究所，大唐电信科技产业集团，中国电子技术标准化研究所，等. 政务信息资源目录体系 第 4 部分：政务信息资源分类：中华人民共和国国家质量监督检验检疫总局；中国国家标准化管理委员会[S]，2007：12.

[4] 黄萃. 基于门户网站的电子政务信息资源整合机制研究[D]. 武汉：武汉大学，2005.

[5] 张宇，蒋东兴，刘启新. 基于元数据的异构数据集整合方案[J]. 清华大学学报（自然科学版），2009，49（07）：1037-1040.

[6] 李春潮. 利用元数据整合政务信息资源[J]. 信息系统工程，2008（08）：33-34.

[7] 王斌. 基于 Ontology 和元数据的电子政务信息资源整合的应用研究[D]. 太原：太原理工大学，2011.

[8] 许君,魏臻.浅谈电子政务元数据框架[J].信息化建设,2004(06):50-52.

[9] 曹树金,司徒俊峰,马利霞.论政府信息资源的元数据标准[J].情报学报,2004,23(6):715-722.

[10] 赵志荣,张晓林.GILS:结构、无数据、应用[J].情报科学,2000(09):816-819.

[11] 钟珞,王辉,李锐夐,等.基于语义Web的网络学习资源库本体实现[J].计算机工程,2007(08):282-285.

[12] 李金荣.基于本体的教育信息资源整合研究[D].大庆:东北石油大学,2012.

[13] 刘杉.基于本体的教育资源整合模型的研究与教育资源库关键技术的实现[D].呼和浩特:内蒙古大学,2010.

[14] 李佳培.电子政务信息资源管理中的领域本体构建研究[D].天津:天津师范大学,2006.

[15] 何望君,曹巧云,张福浩,等.地理网格的政务信息资源整合技术研究[J].测绘科学,2019,44(12):153-157.

[16] 卢战伟,赵彦庆,陈荣国,等.基于SOA的空间信息资源整合与服务模式探讨[J].计算机与数字工程,2009,37(09):125-127+175.

[17] 赵宝林.基于空间信息与基础框架的政务信息资源整合初探[D].广州:中国科学院研究生院(广州地球化学研究所),2006.

[18] 周九常,高洁.基于知识管理的电子政务信息资源整合[J].情报科学,2006(11):1657-1661+1722.

[19] 吴菁.21世纪信息资源管理的趋势——知识管理[J].现代情报,2006(02):53-54+57.

[20] 任建.知识管理在教育资源管理系统中的应用研究[D].济南:山东师范大学,2005.

[21] 罗贤春.基于知识管理的电子政务信息资源构建[J].图书馆理论与实践,2007(02):60-61.

[22] 孙琦.浅谈基于知识管理的电子政务信息资源整合的构建[J].信息化建设,2015(08):57.

[23] 叶飞.基于主题图的电子政务门户知识管理研究[D].武汉:华中师范大学,2011.

[24] 屈冠军.基于实现跨库检索的数字资源整合技术探讨[J].图书馆,2009(06):86-88.

[25] 武成岗,焦文品,田启家,等.基于本体论和多主体的信息检索服务器[J].计算机研究与发展,2001(06):641-647.

[26] 徐振宁,张维明,陈文伟.基于Ontology的智能信息检索[J].计算机科学,2001(06):21-26+44.

[27] 万捷,滕至阳.本体论在基于内容信息检索中的应用[J].计算机工程,2003(04):122-123+152.

[28] 曹锐,陈刚,蔡铭.基于本体的网络化制造资源检索[J].计算机工程,2004(03):143-146.

[29] Guha J, Chakrabarti B. Making e-government work: adopting the network approach[J]. Government Information Quarterly,2014,31(2):327-336.

[30] 李志刚,徐婷.电子政务信息服务质量公众满意度模型及实证研究[J].电子政务,2017(09):119-127.

[31] 黄建华,邢光军.电子政务与基于"服务链"式的政府流程再造[J].现代管理科学,2004(05):68-69.

[32] 李怀明,高国伟,王延章,等.电子政务综合服务门户应用研究[J].计算机应用研究,2005(10):77-79.

[33] 武玉坤,Birandranath H.提高电子政务接纳程度的策略[J].电子政

务,2006(03):65-75.

[34] 万军.中国电信政府网站整体解决方案[J].信息化建设,2006(10):52-54.

[35] 刘强,吴江.政府信息资源分类共享方式的研究[J].中国行政管理,2004(10):77-83.

[36] 阎英科.电子政务建设的两个工程[J].中国信息界,2006(12):24-28.

[37] 吴吉义,邵晨.电子政务建设中实施项目管理的必要性[J].电子政务,2005(11):53-58.

[38] 王长胜.电子政务与系统发展[J].信息系统工程,2005(09):19.

第 3 章　政务信息资源整合技术

3.1　政务信息资源整合的流程和特点

3.1.1　政务信息资源整合流程

通过对法人单位数据、人口统计数据、宏观经济数据、空间地理数据、资源环境数据和传感器数据等多种数据源进行数据整合处理，数据分类入库形成大数据综合库，依托大数据综合库提供信息检索、数据分析服务、大数据分析和专题快速构建等服务。政务信息资源整合流程如图 3-1 所示。

1. 数据整合处理

通过对网站数据、文本数据、结构化数据、空间数据、多媒体数据、日志数据等多种分散的数据源进行指标分类、文本挖掘、文本索引构建、数据汇聚清洗、空间数据整合、多媒体数据整合处理，形成大数据综合库，构建知识库、文本索引库、多维数据立方体库、多媒体索引库、指标分类库和基本国情数据库等专题应用库。

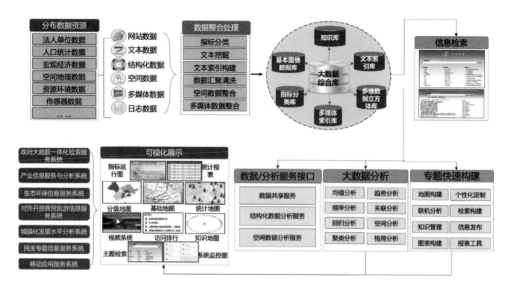

图 3-1 政务信息资源整合流程图

2. 信息检索

基于大数据综合库,提供信息检索服务。用户发出查询检索等信息访问请求,程序通过信息检索服务,解析用户请求,驱动调用数据访问服务,并从数据库中获取数据,返回信息检索结果。

3. 大数据分析

基于大数据综合库,进行均值分析、趋势分析、频率分析、关联分析、回归分析、空间分析、聚类分析、格局分析等大数据分析挖掘,并提供柱状图、折线图、饼图、统计地图、多媒体视频等可视化展示方式。

4. 数据分析

基于大数据综合库,提供数据分析服务,包括数据共享服务、结构化数据分析服务和空间数据分析服务等。

5. 专题快速构建

依托大数据综合库，提供将政府领导、政务服务人员、社会公众等关心的热点专题快速构建并发布的能力，包括地图构建、个性化定制、联机分析、检索构建、知识管理、信息发布、图表构建和报表工具等。

3.1.2 政务信息资源整合的技术特点

政务信息资源整合有四大技术特点：多源异构海量数据汇聚、信息资源的分层分类和知识化管理、基于大数据的分析挖掘、个性化专题定制与主动推送服务。

1. 多源异构海量数据汇聚

针对网站数据、文本数据、结构化数据、空间数据、多媒体数据、日志数据等不同结构的数据，根据从多源分类体系中提取的语义因子，利用形式概念分析、语义相似度计算等相关技术理论，实现基于多源分类体系的政务信息资源标注分类和融合构建。

2. 信息资源的分层分类和知识化管理

建立了政务信息资源分层分类指标体系，实现了基于指标体系的主题词目录管理功能。以图形化显示各个主题之间的关联关系，为帮助用户了解需要的知识及其存储的位置等信息提供基础功能，根据用户自己设定的相关主题，通过统一检索为其检索该主题的各类知识信息，并智能化显示出来。

3. 基于大数据的分析挖掘

通过主题聚焦的政务信息获取与挖掘，进行 MapReduce 的并行化空间分析；基于用户行为分析空间数据主动服务，提供面向实体描述的时间序列分析与空间趋势发现；基于 ESDA 的空间格局分析，提供多模型交叉的空间数据相关性及影响分析。

4. 个性化专题定制与主动推送服务

面向个性化主题信息服务的需要，实现了专题功能定制、内容组织与信息服务，提供统计图表、多媒体展示、图片播放、空间信息服务、信息动态检索、数据立方体构建等个性化定制服务，并能够根据用户的特点主动推送个性化服务。

3.1.3 政务信息资源整合的应用特点

为满足各种类型和内容的政务信息资源整合服务的需要，以及实现政务信息资源深度开发利用，政务信息资源整合有四大应用特点：可视化、空间化、主题化和个性化（如图 3-2 所示）。

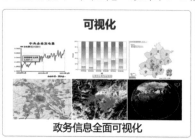
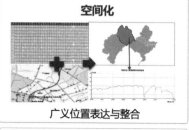
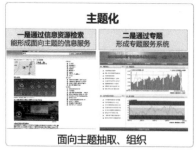

图 3-2　政务信息资源整合的应用特点

1. 可视化

平台提供多种可视化工具，支持各种类型信息资源可视化，提供用户体验良好的信息展示服务，方便政府人员直观、便捷地了解信息，掌握事物发展的规律。

2. 空间化

政务信息包含自然环境、经济、人口、社会等各个方面的信息，这些信息多数与空间位置密切相关，政务信息资源整合支持多种方式政务信息空间化，增强信息联系，丰富展现方式，同时为探索事物的分布规律提供基础。

3. 主题化

政务信息资源整合支持面向主题业务抽取、信息组织，利用集信息注册、功能定制、专题发布等功能流程于一体的服务工具，实现专题服务的主题化定制。支持基于信息资源检索的信息服务，支持基于专题快速构建工具形成面向具体业务的专题系统。

4. 个性化

根据用户浏览习惯、访问记录、查询历史，主动智能地提供用户关注的信息内容，包括三方面的个性化服务。一是信息资源检索个性化服务，包括历史检索、推荐检索、阅读排行、个人相关信息推荐等；二是信息资源评价个性化追踪服务，基于用户 IP 地址，实现对信息资源访问量的统计、分析评价，为信息资源优化提供依据；三是面向用户的专题信息服务，面向用户需要，建设满足个人业务需要的专题信息服务系统，实现个性化服务。

3.2 政务信息资源库

3.2.1 基础信息资源库

1. 人口基础信息库

国家人口基础信息库简称人口库,它是首个多部委共建共享的国家电子政务示范工程。它以国家电子政务外网为依托,以居民身份证号码为唯一标识,由公安部牵头,教育部、民政部、人力资源和社会保障部、卫生健康委员会共同建设,范围覆盖全国人口[1]。

人口库数据资源按照跨部门共享应用划分为基础数据、公共管理数据和业务共享数据。人口基础数据是指与人自身密切相关且一生中相对不变的信息,如居民身份证号码、姓名、性别、民族、出生日期、出生地等数据,具有基准性、标识性和稳定性。公共管理数据是指在社会公共事务中政府各业务部门之间可共用的信息,包括常住户口所在地、专业技术职务、职业资格等级、参加工作时间、就业状况、最高学历、婚姻状况、单位名称、单位地址、单位邮政编码、家庭住址、家庭住址邮政编码和联系电话,通过这些信息可以对具体个人进行基本定位。业务共享数据是指与特定业务应用领域密切相关、业务部门之间有共享需求的人口信息,这些信息因人的年龄、学历、就业状况、社会保障状况等各种因素不同而各异,具有专有的特性[2]。

如今,国家人口基础信息库已经与国家数据共享交换平台实现对接,并依托国家数据共享交换平台向国务院部门和地方政府提供数据共享服务,共享服务方式包括数据查询和核验两种方式。人口基础信息有效地支撑了各部门地方业务应用，特别在优化政务服务方面成效显著，为各级政府部门减少行政审批环节、解决企业群众反映强烈的"审批难、办证难"问题创造了条件，为国家推进"放管服"改革提供了有力支持。此外，国家人口基础信息库还为全国信用信息共享平台提供了共享服务，对信用中国建设也将起到重要支撑作用。

2. 法人单位基础信息库

法人单位基础信息库简称法人库，它是由国家市场监督管理总局牵头，中央编办、民政部、税务总局、国家统计局等部门共同参与建设，以法人单位组织机构代码为统一标识，以注册登记、变更、注销等法人信息为依据的基础信息库[3]。2015年，国家推行法人和其他组织统一社会信用代码制度后，将组织机构代码标识逐步替换成统一社会信用代码。

法人库是政府多个部门信息汇总形成的信息库，除包含必需的基础信息外，还有很多扩展的其他信息项，因此法人信息分为基本元素信息和扩展元素信息两大类。基本元素信息是指法人库基础信息，包括组织机构代码、法人名称、法人状态、法人类型、法人住所、法定代表人姓名、成立日期、批准机关、注册或登记号等9项内容。法人扩展元素信息是指除法人基本信息外部门间共享需求较为普遍的法人信息，包括组织机构代码信息、注册或登记信息、税务登记信息、统计信息4大类34项内容。

法人单位基础信息库是一个覆盖全面的综合性信息库，它促进了法人基础信息共享与公开，增强了政府部门间的协作，提高了政府行政效率，实现了信息资源优化和资源利用最大化，推动了政府职能转变和简政放权。它广泛应用于各行业领域中，特别是为税务、金融、社保、海关等领域的法人监管和政府决策提供信息支撑。此外，法人库支撑了国家企业社会信用信息，以查询方式向社会公众开放，为大众提供了广泛、准确、动态的便利化信息服务。

3. 自然资源和地理空间基础信息库

自然资源和地理空间基础信息库项目是"十五"期间国家电子政务重点建设的四个基础信息库之一，是我国规模宏大的地理空间信息资源建设项目，是我国国家地理空间信息基础设施的重要组成部分。该项目由国家发改委牵头，自然资源部、水利部、中科院、国家海洋局、国家测绘局、林业和草原局、中国气象局等 11 个部门和单位共同参与建设。

地理空间与自然资源库以地理要素为数据的构成单元，面向实体反映和描述客观世界中独立存在的"地理实体"。为了完整、稳定的反映"地理实体"特征，将地理要素根据地理空间信息的共享需求程度划分为基础性地理空间信息库、基础性自然资源信息库和综合信息库[1]。基础性地理空间信息库是对覆盖全国和全球的基础地理数据库、遥感信息资源进行标准化改造和统一的地理空间元数据系统建设，形成基础地理数据框架和遥感信息资源及其标准化产品。基础性自然资源信息库对我国主要国家级自然资源数据库进行标准化空间集成改造，建设逻辑和空间定位框架统一的自然资源信息库和元数据系统，形成标准化的自然资源信息及可交换信息资源产品，涵盖土地资源、矿产资源、水利资源、林业资源、海洋资源、气象气候资源、农业资源、渔业资源、交通信息、城市地理、生态环境等内容。综合信息库在各种专题数据库基础上，对跨部门、跨行业的自然资源与基础性地理空间信息资源进行整合，形成可共享的自然资源综合信息库及标准化信息产品。其内容包括基础地理和区划、遥感影像、全国自然资源、全国资源环境遥感动态监测、自然灾害监测预警和突发事件应急反应、资源安全动态评估预警、可持续发展和地区经济、生态环境评估、重大基础设施及生态工程监测等综合信息库及标准化系列产品[4]。

自然资源和地理空间基础信息库的建设完善了我国高层地理空间信息基础设施，其运行和服务对于完善国家电子政务跨部门信息资源共享和服务体系，进一步提高政府综合监管与信息服务能力，扩充和整合自然资源和地理空间信息资源，带动国民经济和社会信息化，提高我国可持续发展决策能力具有重要意义。

4. 宏观经济信息资源库

宏观经济数据库是由国家统计局牵头建设，国家发展改革委、财政和税务等部门参与，以强化金融、税收、统计等基础信息资源开发利用，逐步完善消费、投资、进出口以及经济运行、节能减排、知识产权等方面的业务信息资源为主要内容的国家基础数据库。

宏观经济信息资源库以统计指标为主，涵盖了国民经济核算、财政、税收、固定资产投资、对外经济贸易、金融、消费、进出口等方面。指标以不同维度统计，分为时间维度、地区维度、产业维度三个方面。时间维度主要按照年、月、日等频率进行统计。地区按照不同行政区划层级，包括国家、省、市、县、乡镇、村等维度。产业维度按照国民经济行业分类，包括第一产业、第二产业、第三产业，以及三类产业细分类别。第一产业包括农业、林业、畜牧业等；第二产业包括采矿业，制造业，电力、热力、燃气及水生产和供应业，建筑业等；第三产业包括商业、金融、交通运输、通信、教育、服务业及其他非物质生产部门[5]。

宏观经济信息资源库实现宏观经济信息的共享，为有关部门和地方开展经济运行动态监测、产业安全预测预警等分析决策提供了信息支持。它确保了金融、税收、统计等宏观经济基础数据的真实准确和完整及时，提高了政府统计的公信力，提高了宏观调控的科学性、预见性和有效性。

3.2.2 政务业务信息资源

1. "金字"工程业务资源

中国的"金字"工程从"三金"工程起步，于1993年提出，在"三金"工程之后，中国以"金字"打头的电子政务工程如雨后春笋般涌现。2002年，《中共中央办公厅、国务院办公厅关于转发〈国家信息化领导小组关于我国电子政务建设指导意见〉的通知》（中办发〔2002〕17号）明确提出"十二金"的内容，文件指出要加快十二个重要业务系统建设，继续完善已取得初步成效的办公业务资源系统、金关、金税和金融监督（含金卡）四个工程，促进业务协同、资源整合；启动和加快建设宏观经济管理、金财、金盾、金审、社会保障、金农、金质和金水等八个业务系统工程建设。

从"十二金"工程立项来分析，"十二金"工程又可以分为三类：第一类是对加强监管、提高效率和推进公共服务起到核心作用的办公业务资源系统、宏观经济管理系统建设；第二类是增强政府收入能力，保证公共支出合理性的金税（税务信息系统）、金关（国家经济贸易信息网络工程）、金财（政府财政管理信息系统）、金融监管（含金卡）、金审（审计信息化建设项目）等5个业务系统建设；第三类是保障社会秩序、为国民经济和社会发展打下坚实基础的金盾（公安通信网络与计算机信息系统建设工程）、社会保障、金农（农业信息系统）、金水（覆盖水利信息化全局性的重大工程）、金智（与教育科研相关的网络工程）等5个业务系统建设。金财工程信息资源主要是政府财政管理相关信息，如财政预算信息、财政工资信息、预算单位信息等；金农工程信息资源主要是农业相关信息，如农产品基础信息、农产品批发价格信息、农产品批发市场信息等；

金盾工程信息资源主要是公安工作相关信息，如人口信息、机动车信息、驾驶人信息等；金保工程信息资源主要是劳动保障相关信息，如就业信息、失业信息、人事信息等；金税工程信息资源主要是税务管理相关信息，如纳税人信息、税务机关信息、发票领取信息等；金关工程信息资源主要是进出口外贸业务相关信息，如进出口统计信息、出口退税信息、出口收汇信息、进口付汇信息等；金水工程信息资源主要是水资源监控相关信息，如防汛抗旱信息、大型水库信息、蓄滞洪区信息、报汛站信息等；金质工程信息资源主要是质量监督检验相关信息，如产品质量信息、产品抽检结果信息、防伪打假信息、企业资格认证信息等；金审工程信息资源主要是审计相关信息，如审计单位信息、审计专家信息、审计文献信息等；金卡工程信息资源主要是各类金融卡相关信息，如电子标签信息、IC卡信息、IC卡发行信息等；金贸工程信息资源主要是电子贸易相关信息，如电子贸易政策法规信息、商品信息、中介信息、交易信息等；金企工程信息资源主要是工业生产与流通相关信息，如产品信息、企业信息、行业信息等。

金字工程信息资源的建设丰富了政府数据资源，进一步推进了电子政务发展，实现了政府各业务部门之间的资源共享，提高了政府办事效率，提升了政务管理能力，带动了国民经济发展，增强了综合国力和国际竞争力。

2. 政务服务信息资源

政务服务信息资源是各级政府、各相关部门及事业单位，根据法律法规，为社会团体、企事业单位和个人提供行政许可、确认、裁决、奖励、给付等行政服务相关的信息，为政务服务便民惠民措施的落实提供支撑。

政务服务信息资源主要包括政务服务事项信息、服务对象信息、用户行为信息、服务过程数据信息、电子证照信息、电子印章信息和法律法规信息等。政务服务事项信息包括行政权力事项和公共服务事项目录信息，及相关实施清单信息；服务对象信息包括以居民身份证号码为唯一标识的自然人服务对象基本信息，以及以统一社会信用代码为标识的法人服务对象基本信息；用户行为信息是用户线上线下进行事项办理或咨询等活动留下的行为记录信息，主要包括用户访问记录信息和用户查询记录信息；服务过程数据信息是指事项申办、受理、审批、办结、评价等各办理环节产生的过程信息；电子证照信息包括许可证、执照、资格证、资质证、合格证书、批准文件、证明文件及其他行政许可证件的电子数据信息；电子印章信息是各级部门网上政务服务事项办理使用的电子签章信息；法律法规信息是部门开展政务服务工作的法律依据，主要包括部门信息、类别信息和法律法规内容信息等。

政务服务信息资源建设是实现各部门、各层级、各领域数据共享的基础，有助于推进审批服务便民化，是深化简政放权、放管结合、优化服务改革，进一步优化公共服务、创新行政管理的一项重要举措，在推进治理能力现代化的进程中发挥着基础性、战略性的作用。

3. 应急指挥主题信息资源

应急指挥主题信息资源是在事故、灾害和紧急事件的事前预防、事发应对、事中处置和善后管理过程中所需要及产生的重要数据，依托现代信息技术，将涉及的数据进行有效、可靠的管理，形成信息资源，支撑应急指挥各项活动。

应急指挥主题信息资源根据应急信息系统需求分为五大类，即基础信息、地理信息、安全规划辅助决策信息、应急救援辅助决策信息、重大危险源管理信息。基础信息包含气象信息，洪水信息，地震信息，道路信息，分区的人口、财产以及危险化学品数据，安全距离数据，法律法规数据，典型事故案例，应急救援器材设备数据和应急救援消防站数据等；地理信息包含与地理环境要素有关的物质的数量、质量、性质、分布特征、联系和规律的数字、文字、图像和图形等；安全规划辅助决策信息包含城市安全规划风险计算数据、危险目标风险分析数据、重点保卫（防护）目标风险分析数据、城市部分区域风险计算数据、整个城市风险计算数据等；应急救援辅助决策信息包括应急救援物资、设备、人员等各类应急救援力量，事故应急救援过程记录，事故应急救援预案等；重大危险源管理信息包含重大危险源信息和事故后果模拟信息等。

应急指挥主题信息资源建设有助于掌握应急资源、应急基础信息等情况，有利于提高应急的响应速度和决策指挥能力，支撑有效预防、及时控制和消除突发公共安全事件的危害，保障人民群众的生命财产安全，促进社会和谐、健康发展。

4. 疫情防控主题信息资源

疫情防控主题信息资源在应对疫情防控工作中产生，具有来源广、数据量大、时效性要求高的特点，是依托大数据技术汇集在一起的疫情防控动态信息。

疫情防控主题信息资源主要分为疫情总体数据、脱敏后个体病患信息、迁徙数据、医疗支援信息、诊疗研究信息等。疫情总体数据包括全国各地确诊病例数、疑似病例数、死亡病例数、治愈病例数、密切接触者数量等统计数据，各类病例的全国各省市分布情况，日增长情况等；脱敏后个体病患信息包括个体病例基本信息、病史、发病过程、救治过程、病患出行轨迹、乘坐交通工具信息、病患停留和居住地信息、病患亲属关系信息等；迁徙数据包括春节及疫情暴发期间全国各地人口流动数据、春节及疫情暴发期间各省市每日迁入及迁出人口来源地及占比信息等；医疗支援信息包括部分地区医疗救援队伍及成员相关信息、部分医疗物资援助及捐赠相关数据，包括援助/捐赠物资类别、援助/捐赠数量等；诊疗研究信息包括针对病毒开展的特效药及诊疗方案的研究情况等。

疫情防控主题信息资源建设助力疫情防控工作，在这场没有硝烟的抗疫战争中，面对大规模的人员流动，依托疫情防控主题信息资源，综合运用大数据分析，促进医疗救治、交通管理等不同领域数据的交叉协同，为疫情联防联控、指挥决策、精准防控提供重要支撑。

3.2.3 专家智库信息资源

1. 新华社通稿

新闻通稿发布模式起源于美国。1954年，世界上首家企业新闻专线通过传真机为客户代发新闻稿，由此揭开了新闻专线服务的序幕。新华社通稿是指新华社在采访到一些重要新闻以后，以一种统一的稿件方式发给全国需要稿件的媒体。

新华社通稿形式丰富多样，包括文字新闻、图片图表新闻、音视频新闻、网络新闻和对外信息新闻等形式。新华社文字新闻产品有通稿新闻线路、体育新闻专线、服务新闻专线、财经新闻专线、社会文化新线、专特稿新闻专线。新华社图片图表新闻产品有新闻图片通稿专线、体育图片专线、图表漫画专线、新华/路透晚报都市报专线、新华/法新图片专线共五条专线和图片专（特）稿、展览图片。音视频新闻有实时连线报道和现场录音报道，旗下视频新闻产品有《新华纵横》《国际专题电讯》和《新华社电视报道》。网络新闻信息内容有全球各地快讯、国内新闻、国际新闻、体育新闻、财经新闻、产经新闻、IT新闻、科技新闻、社会新闻、娱乐新闻、地方新闻、军事新闻、文教新闻等13个栏目，供网站选用。对外信息新闻内容有对外中文信息、海外专供信息、对外英文信息等。

2.《人民日报》

《人民日报》于1948年6月15日在河北省平山县里庄创刊，是中国共产党中央委员会机关报。《人民日报》作为党和政府的喉舌,作为中国对外文化交流的重要窗口,作为展现蓬勃发展社会主义新中国的舞台,积极宣传党和政府的政策主张,记录中国社会的变化,报道中国正在发生的变革。

2001年,《人民日报》按照中央机关报性质、任务、要求和读者的阅读习惯进行了版面调整,形成重要新闻、深度报道和专版、周刊三大板块。2010年1月1日起,《人民日报》再次扩版,周一至周五每天的版面由20版扩至24版;周六、周日版面不变,每天仍为8版。其中,第1~6版为要闻板块,第9~15版为国内新闻板块,第17~20版为周刊及专版板块,第21~23版为国际新闻板块。此外,第7版为理论版,第24版为副刊。扩版后,每天增加1个要闻版、1个国际新闻版;每周增加1个观点版、1个新兴媒体版;周刊和副刊的版面也有所增加。

3. 中国知网

中国知网(CNKI)由清华大学、清华同方发起,始建于1999年6月。在党和国家领导以及教育部、国家发展改革委等多部门的大力支持下,在全国学术界、教育界、出版界、图书情报界等社会各界的密切配合和清华大学的直接领导下,建成了世界上全文信息量规模最大的"CNKI数字图书馆",通过产业化运作,为全社会知识资源高效共享提供最丰富的知识信息资源和最有效的知识传播与数字化学习平台。

通过与期刊界、出版界及各内容提供商达成合作,中国知网已经发展成为集期刊、博士论文、硕士论文、会议论文、报纸、工具书、年鉴、专利、标准、国学、海外文献资源为一体的,具有国际领先水平的网络出版平台。中国知网分为三个部分,第一部分是中国知识资料总库,提供CNKI源数据库、外文类、工业类、农业类、医药卫生类、经济类和教育类多种数据库;第二部分是数字出版平台,提供学科专业数字图书馆和行业图书馆；第三部分是文献数据评价，制定了我国第一个公开的期刊评价指标统计标准——《〈中国学术期刊影响因子年报〉数据统计规范》。

4. 路透社报道

路透社报道是路透社提供给报刊、电视台等各式媒体的新闻报道，以迅速、准确享誉国际。路透社报道的主要对象是国外，国际新闻紧密配合英国政府的外交活动，对体育新闻也很重视，经济新闻主要是商情报告，为英国和西方大企业服务。

路透社报道大致有特急快讯、急电和普通电讯三种。特急快讯是路透社播发新闻的一种形式。它可以中断正常的广播优先发出。路透社的特急快讯包括一切对各类交易市场可能产生重大影响的新闻。急电的时效性和重要性次于特急快讯，用于报道新闻事件本身，没什么背景材料或现场情景描写。普通电讯即正常情况下播发的新闻。为了保证时效，路透社的稿子一般比较短，通常一篇稿子只报道一个动态，只对重大事件编发综合稿。

5. 彭博社报道

彭博新闻社成立于1981年的美国彭博资讯公司，是全球最大的财经资讯公司，其前身是美国创新市场系统公司。彭博新闻社报道渠道多种多样，包括电视、电台、手机、互联网和两本杂志——《彭博商业周刊》和《彭博市场》。彭博新闻社在全球72个国家设立了146个记者站，拥有2 300多名新闻和多媒体专业人员。

彭博新闻社随时随地报道与全球商界精英息息相关的最新信息，其通信渠道包括彭博新闻、彭博网站、彭博商业周刊、彭博商业周刊网站及彭博市场杂志等。彭博新闻社通过彭博终端、新闻客户端等平台每天发布新闻，并提供给合作媒体刊载。《彭博商业周刊》是一本为高层管理人员提供服务的周刊。《彭博市场杂志》是一本面向全球金融领袖的月刊杂志，主要提供各行业核心人物和企业的深度报道。彭博电台通过多地每天 24 小时播放。彭博电台节目还可通过互联网或手机客户端收听。彭博电视台在多地设有报道中心，提供 24 小时不间断的新闻报道，内容涵盖人物观点、公司动向及行业理念。彭博媒体分发和广告服务为客户提内容分发及广告服务。

3.2.4 信息资源库更新机制

1. 定时更新

政务信息资源数据库更新需要一定的规律性。首先，数据库功能定时更新，保持数据库的连续性，帮助用户有更好的应用体验。其次，政务信息资源数据实时更新会增加大量缓存，产生很多信息垃圾，增加工作量。例如，人口库和地理空间与自然资源库可以按月更新。

2. 实时更新

实时的第一要务一定是更新、更全、更快。以疫情这种特殊的公共事件为例，在疫情防控期间，疫情地图的实时绘制在新冠肺炎疫情的动态跟踪、信息研判、公众决策、公众连结等方面都扮演了不可替代的角色。

3. 按需更新

政务信息资源种类繁多，涉及政治、外交、军事、工业、农业、金融、能源、环境、教育、医疗、社会生活等各行各业，信息内容极其丰富。为了避免各部门政务地理信息资源重复建设造成的资金浪费和数据冗杂，减少工作量，建成了统一、合理、高效的政务地理信息资源数据库。

涉及政务信息资源的各部门需要协同按需更新，打破了部门间政务地理信息数据共享壁垒，实现了政务地理信息数据互通有无。

3.3 政务信息资源整合平台

3.3.1 总体架构设计

政务信息资源整合平台是政务信息资源整合的重要基础设施。平台依托信息安全保障体系，为跨地区跨部门政务信息资源交换、共享、整合和利用提供服务。平台基于一定的网络条件，汇集各渠道的数据资源，通过信息资源整合工具处理，完成统一数据结构和知识体系，形成基本国情（省情）动态数据库。平台利用各功能组件，为后续实现数据共享、应用服务和专题示范提供支撑。平台实现了不同来源、不同结构数据资源的高效、实时、安全共享，强化了资源整合和业务协同，提高了政务部门对政务资源的管理水平和利用效率。

政务信息资源整合平台采用 SOA 架构体系，总体结构由基础网络层、数据资源层、数据支撑层、信息资源共享服务平台、信息安全保障体系和标准规范体系组成。系统总体架构如图 3-3 所示。

（1）基础网络层：即因特网。在此基础上建设信息资源整合利用服务平台，它是平台建设运行的必要基础设施。

（2）数据资源层：包括内部信息资源、外部信息资源和社会信息资源三个方面。其中：内部信息资源包括办公信息、管理信息、协调信息、监督信息、决策信息，是单位运转和开展业务形成的数据信息；外部信息资源包括国家共享数据、地区共享数据、部门共享数据等其他部门提供的共享数据；社会信息资源包括互联网信息资源、社会舆情、统计数据等公众可以查询获取的有关数据。

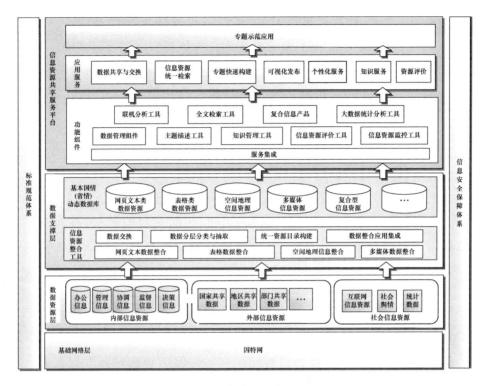

图 3-3　总体架构图（参考模型）

（3）数据支撑层：主要利用信息资源整合工具，建设基本国情（省情）动态数据库。信息资源整合工具提供数据交换、数据分层分类与提取、统一资源目录构建、数据整合应用集成等功能，支持网页文本类数据、表格类数据、空间地理数据和多媒体数据等多种类型。整合后的信息资源形成基本国情（省情）动态数据库，支撑共享服务。

（4）信息资源共享服务平台：包含 9 项功能组件，提供 7 项应用服务，为建设专题示范应用提供支撑服务。其中：功能组件主要包括联机分析工具、全文检索工具、复合信息产品、大数据统计分析工具、数据管理组件、主题描述工具、知识管理工具、信息资源评价工具、信息资源监控工具，组件式服务方式减少了系统耦合度，提升了系统灵活程度；应用服务包括数据共享与交换、信息资源统一检索、专题快速构建、可视化发布、个性化服务、知识服务、资源评价等，主要实现数据共享交换和应用服务。

（5）信息安全保障体系和标准规范体系：指平台建立的信息安全和规范的相关要求，保证平台安全稳定运行。

3.3.2 信息资源整合

信息资源整合目标是实现信息资源的"分层分类汇聚"。信息资源整合遵循信息组织逻辑统一、信息访问物理分散、多种来源自动适应、不同层次自适应处理、不同类型具体分析的原则。通过建立统一信息资源目录，形成综合信息动态资源库。信息资源整合主要包括数据交换、数据分层分类与抽取、统一资源目录构建、数据整合应用集成、网页文本数据整合、结构化数据整合、空间地理数据整合、多媒体数据整合、复合型数据整合等多项内容。

1. 数据交换

数据交换是在多个数据终端设备之间，为任意两个终端设备建立数据通信临时互连通路的过程。一般的通过计算机网络构建信息交换平台，建立数据中心，实现多来源信息数据的传输及共享。事实上，数据整合并不替代原有系统的数据库，也不影响原有系统运转，而是通过数据集中的方式，实现信息资源整合。数据交换为进一步开展数据抽取、清洗、整合、分析和展示等奠定了基础。

2. 数据分层分类与抽取

为了高效实现数据加工和处理，需要遵循一定的数据分类规则，如按照数据的内涵、性质、业务逻辑及整合要求，将待整合的数据资源分为不同的类别，从而在数据整合中按照最小类别原则整合。数据分层是按照数据结构和业务逻辑，纵向将相同性质的数据分在一起，从而把数据集拆解成多层的过程。数据分类是把具有某种共同属性或特征的数据归并在一起，通过类别属性或特征划分类别。数据分层分类后，可以按照最小分类级别抽取数据，数据抽取分为全量抽取和增量抽取，一般第一次处理采用全量抽取方式，后续数据更新和追加采用增量方式。

3. 统一信息资源目录构建

统一信息资源目录构建是对所有的数据资源构建定位标识，可按照数据主题、数据来源、业务内容等方式进行。其目的在于实现数据资源的有序组织和利用的同时，满足检索、快速定位和获取数据资源的需求，使用户在大量数据资源中准确迅速、方便、经济地定位所需的数据资源。

4. 数据整合应用集成

平台采用 SOA 架构，解决数据整合工具的应用集成问题。主要通过建立一个统一的综合应用平台，将多种方式、多种类型的数据整合工具有机地集成到一个无缝的、并列的、易于访问的平台中，实现统一管理，方便进行数据分析、展示和信息共享。

关于网页文本数据整合、结构化数据整合、空间地理数据整合、多媒体数据整合、复合型数据整合等内容将在 3.4 小节中详细说明。

3.3.3 信息资源共享服务平台

信息资源共享服务平台的功能是对在数据支撑层中已经整合入库的数据资源进行共享应用，挖掘数据价值，提供各类数据产品服务，帮助政府人员与相关部门把握数据整体脉络，寻找数据之间的联系，为政府业务运行以及政策制定提供参考依据。信息资源共享服务平台由功能组件与应用服务两部分构成，其中功能组件为应用服务起到了支撑作用，帮助平台实现相关功能。具体功能组件和应用服务包含以下三部分。

1. 功能组件

（1）数据管理组件。其实现对信息资源注册、管理，为数据加载展示和数据分析提供基础管理功能，主要包括数据注册、数据选择、数据字典建立等功能。

（2）主题描述工具。其通过建立一个完整的知识框架结构，进行信息的统一组织管理，主要包括形成信息查阅、专题信息整理、信息个性化服务中所必需的信息分类与关联。为了实现形成知识结构和知识信息统一的组织管理，主题描述工具组织建立以知识架构为基础的主题树，即知识信息统一组织抽象化成一棵树形结构，树形结构最大的优点就是无限扩展、层次分明、一目了然。

（3）知识管理工具。其通过结合专家及专题知识对数据资源有效整合与动态关联，充分挖掘和利用资源之间的语义关系，最大限度地优化资源搜索粒度和深度，使系统在支持原数据的存储、访问、搜索等功能的基础上，实现关联知识的自动推荐、延伸阅读与动态展示等功能。知识管理工具主要提供主题抽取、信息自动分类、知识关联展示、数据资源管理等功能。

（4）联机分析工具。它是针对特定问题、共享多维信息的联机数据访问和分析的快速处理技术。它通过对信息的多种可能的观察形式进行快速、稳定一致和交互性的存取，允许管理决策人员对数据进行深入观察。联机分析工具采用基于 Web 的应用模式，实现智能图表展示、报表展示、多维数据分析和数据挖掘等功能。

(5) 全文检索工具。其实现对所有的信息资源及文档信息的检索,即根据用户的查询要求,从信息数据库中检索出相关信息资料。全文检索的关键是文档的索引,即如何将源文档中所有基本元素的信息以适当的形式记录到索引库中。根据索引库中索引的元素不同,可以将全文检索分为基于字表的全文检索和基于词表的全文检索两种类型。全文检索工具主要实现数据搜索服务、数据搜索发布、搜索个性化服务三个功能。

(6) 复合信息产品。其主要实现特定的数据组织管理和业务应用。主要形式有运行图、统计地图、知识结构图以及媒体资源产品等。指标运行图以各类结构化的指标数据为基础,依据其时间维度上的变化情况,以散点图、折线图、柱状图、拟合曲线等方式展示指标数据的变化规律;统计地图则是利用空间数据和专题数据实时构建专题服务产品;知识结构图是知识管理工具的具体表现形式,利用知识库进行知识的实时提取和结构图的快速建立;媒体资源产品的主要形式是集成多类视频。

(7) 信息资源评价工具。其实现最终用户在使用信息资源检索系统及以专题系统时对于系统信息资源及信息服务的准确性、及时性等的评价。系统包括对定性评价指标分类的管理,评价报表UI可视化,并支持用户选择评价、评价内容管理及友好的交互可视化;在构建定性评价模型的基础上实现定性评价指标的评价流程、评价算法以及评价结果的管理;结合目前信息评价的主流方法,采用定性评价和定量评价相结合的模式对信息资源进行一体化评价。

(8) 信息资源监控工具。其通过对信息资源的访问、注册、更新、注销等行为的实时监控,实现对信息资源服务状态和服务过程的全面记录,并对信息资源系统运行状态监控预警,提高信息资源运行维护的自动化程度。其能有效地收集信息资源共享利用的相关信息,并形成历史存档,为进行信息资源维护与信息资源评价提供基础数据支撑。

(9) 大数据统计分析工具。其提供大数据架构下的数据分析功能,提供数据分类、聚类、预测、空间格局分析、时空趋势分析、关联规则分析等多种方法，能实现海量数据快速分析功能，支持基于基本分析方法建立专业分析模型，进而为与专业模型相结合提供基础。

2. 应用服务

（1）数据共享与交换服务。其提供基于信息资源目录的数据共享、信息交换、数据存储和门户服务，满足信息资源共享，同时为有关部门数据共享提供技术支撑。

（2）信息资源统一检索服务。通过跨系统信息检索、知识谱系、信息发布等技术，实现政务信息资源基于内网门户的统一检索服务。其主要功能包括基本检索功能、热门检索、检索任务定制、检索结果组织、系统个性设置、系统维护功能。

（3）专题快速构建服务。在信息资源整合、管理的基础上，建设专题快速构建工具，实现多种信息的可视化展示，同时提供网站构建和管理功能，将定制的专题以网页形式发布出去。信息可视化展示功能在于实现统计图表、多媒体展示、图片播放、地图浏览、分区统计地图、分级统计地图、地图对比、时态播放、复合地图应用、全文检索查询和数据立方。与此同时，支持专题发布的内容管理、栏目管理和站点管理等多种功能。其中：内容管理是指用户依托网页编辑器，可便捷编辑网页中的内容；栏目管理支持专题条目、专题栏目和自定义专题栏目三种构建方式；站点管理支持按模板和自定义两种方式快速发布网页。在上述三种工具支持下，用户可方便地进行专题发布。

（4）可视化服务。可视化服务在平台功能组件的基础上为用户提供数据可视化展示的管理工具，用户可以通过简单、便捷的操作实现信息资源的动态展示。可视化服务为用户提供样式多样、内容丰富、展现直观、体验良好的数据可视化展示效果。

（5）个性化服务。根据用户的工作内容、浏览习惯、访问记录、查询历史，实现用户关心信息的定制，主动、智能地提供用户急需的或"量身定做"的信息内容。

（6）知识服务。通过对信息内容的知识化管理，实现用户关注信息的热点排行、信息关联、知识联想、延伸阅读、自动推荐等功能，为逐步实现信息服务向知识服务转化奠定基础。

（7）资源评价服务。利用信息资源评价工具和信息资源监控工具，对外提供信息资源评价服务，重点提供对信息资源的注册、更新、访问、注销等行为的评价分析服务、评价指标管理服务以及评价结果输出服务等内容，为实现信息资源及信息服务整体情况的准确、及时评价提供支撑。

3. 示范应用

各地区、各部门基于政务信息资源整合平台，结合工作实际，充分考虑数据来源、数据更新、技术支持能力和经济条件的等多种因素，在重点领域和重点环节率先开展应用试点示范，做到专题示范应用高效、实用、安全和规范。

3.4 政务信息资源整合工具

3.4.1 网页文本数据整合系统

当前，互联网技术快速发展，越来越多的信息资源以网页文本形式为政府工作人员提供服务。但随着信息资源爆炸式增长，如何在海量网页文本资源中快速获取精准、有效信息越来越重要，互联网中的一些搜索引擎技术和产品，如Google、百度、HotBot等，在很大程度上满足了人们获取网络信息资源的需求。这些搜索产品都离不开对网页文本数据的整合。事实上，在政务信息资源服务中，为了解决快速定位用户所需的信息，充分利用海量的网页文本型数据资源，精准提供信息服务，首要的是开展网页文本数据整合。下面从网页文本数据整合系统设计角度介绍架构、流程和功能。

1. 系统架构

网页文本数据整合系统以整合网页数据和文本数据为主。网页以静态网页为主，最常用的文件格式是html，其他如htm、dhtml、xhtml、shtm和shtml等，文本文件格式如txt、csv、doc和log等。网页文本数据整合的核心是将使用网页文本的内容进行全面整合，建立全文索引，以便于搜索、文本聚类、语义关联、热词发现等深度处理。在此基础上，设计系统架构，如图3-4所示。

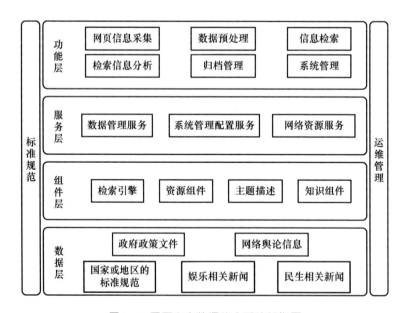

图3-4 网页文本数据整合系统架构图

（1）数据层。该层的数据来自互联网，结合用户背景、领域知识等搜索特点,可以采集到政府政策文件、国家或地区的标准规范、娱乐相关新闻、民生相关新闻以及网络舆论信息等内容。

(2)组件层。该层起到承上启下的作用,它主要负责对数据层的搜索提供技术支持。用户首先利用搜索引擎、资源组件、主题描述等组件对信息进行搜索,然后通过组件层将网页信息反馈至服务层。

(3)服务层。该层基于面向对象的思想,对应用程序封装了主要的业务逻辑,为上层用户提供透明的信息服务。主要包括数据管理服务、系统管理配置服务以及网络资源服务,同时也为用户提供日志查询、系统权限维护、系统配置以及网络资源的访问和维护等服务。

(4)功能层。该层是根据系统功能和用户需求进行设计的,主要包括6个功能模块的设计,各个功能模块分别处理对网页信息采集、数据预处理、信息检索、检索信息分析、归档管理以及系统管理等。

(5)标准规范。标准规范是在系统创建中,对重复性的事物、概念及操作,通过制订、发布和实施标准达到统一,以获得最佳的实际效果。标准规范的制订为系统的架构提供了科学的基础和指导,提高了系统的应变能力。

(6)运维管理。运维管理是帮助系统快速适应业务环境的运维模式,它实现了基于信息技术基础架构库的流程架构以及运维自动化。运维的目标是确保对业务需求和运行环境变化能及时、有效地支持,从而保证系统对变化的响应能力、效率和管理能力。

2. 流程设计

对于网页文本数据的整合,首先,将参差不齐的网页文本源数据进行数据预处理,对其文本解码或者转码,从而形成标准的编码文本;其次,对网页文本信息特征进行提取,通过全文检索技术,对网页文本数据进行整理、归类、聚类等;再次,解析源数据并建立相对应的目标文件,从而来实现多来源、多系统、多数据库的信息汇总整合；最后，将整合后的数据按照标准数据入库，建立索引关系。网页文本数据整合流程如图3-5所示。

（1）文本解码。在网页文本源数据中，有些文本编码采用压缩格式或加密格式，在进行网页文本数据整合之前需要将这些非标准编码及加密存放的文本进行解密处理，从而形成标准的编码文本，如UTF-8、GBK、GB2312等。

（2）文本转码。网页文本源数据中同样也存在文本格式不一致的情况，需要运用文本转码工具对文本设置编码和代码页间的转换，如从CP936到18030编码，以及ISO8859到Unicode等。

（3）文本分词。将转码或者解码后的网页文本根据一定的规则进行分词处理，以便于提取文本的特征值，为文本提供特征值对比的词组。

（4）网页文本信息特征提取。采用数据挖掘中的分类技术对规范后的网页信息进行归类整理，识别该网页信息属于当前哪一个类别（如是热点话题还是文本倾向性话题等），便于用户按照网页类型来检索其真正需要的信息，或对其进行统计，以发现网页信息中潜在的规律[6]。

（5）建立目标文件。按照信息资源的特征识别标题、作者、关键词、日期、摘要、来源、内容、链接地址等基本信息，根据提取结果，在检索库中建立目标文件，并按照实际情况合理设置数据字段长度，准确选择数据字段类型，按字段的重要程度划分必选数据字段和可选数据字段。

（6）建立源数据与目标文件的对应关系。目标文件建立时，应明确源数据相关信息与目标文件字段间的对应关系。原则上，源数据基本信息对应目标文件的必选数据字段，源数据扩展信息对应目标文件的可选数据字段，其中必选数据字段不能缺省，当基本信息不完备时，可根据源数据的特点和检索的需要，补充扩展信息。

（7）数据入库。网页文本数据量庞大，需要将整合后的数据存储到数据库中，同时也可以对整合数据进行更安全的管理和更便利的增、删、改、查等。

（8）建立索引。根据整合的需求，对数据库中高频、区分度高的字段信息建立索引关系。建立索引保证了数据的唯一性，减少了数据检索的时间，方便了用户数据查询。

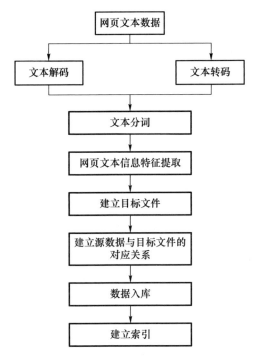

图 3-5　网页文本数据整合流程

3. 功能模块

随着互联网的普及，网页平台上积累了大量的文本数据，并逐渐形成网页文本大数据。网页文本数据的质量参差不齐，需要对数据进行各项处理。为了快速、有效地检索用户真正需要的网络信息，需要不断采集用户所关注的大量网页信息，并将用户的背景、用户偏好以及兴趣爱好等个性化信息纳入其中，对其进行整合、归类、建立索引、存档入库等处理。根据数据处理顺序，系统功能模块依次分为网页信息采集模块、数据预处理模块、信息检索模块、网页信息分析与挖掘模块、归档管理模块以及系统管理模块（如图3-6所示）。

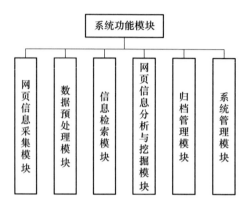

图3-6　网页文本数据整合模块系统的功能模块

（1）网页信息采集模块。该模块的核心是利用网络爬虫技术抓取互联网上的网页信息，过滤掉与用户无关的网页信息及重复信息，将其存储到本地数据库中，并根据指定的更新策略对网页信息进行更新。

（2）数据预处理模块。该模块要对网页文本就行转码、解码、分词等，同时负责对采集到的网络文本数据进行标题、统一资源定位符、时间、网页内容等特征的提取，并将提取的网页信息与模板库进行相关匹配，构建文件对象模型树。

（3）信息检索模块。该模块负责对网页信息的全文检索和个性化检索。在全文检索过程中，只需用户根据关键词搜索，就可以检索到该时间范围内与输入关键词匹配的网页信息。在个性化信息检索过程中，可以选择不同用户背景、用户偏好、兴趣爱好、采集时间、关键字、来源类型等快速地搜索所需信息。

（4）网页信息分析与挖掘模块。该模块是个性化检索系统的重要组成部分，主要包括对网页信息的归类、文本聚类、倾向性分析、热点话题检测等处理，并形成检索分析与挖掘研究报告。

(5) 归档管理模块。该模块主要是对检索的重要信息进行归类整理，对重要的检索信息进行数据入库操作，从而保持文件之间的有机联系，便于后续对文件的查找和利用，同时也可以维护文件的完整与安全，便于文件的保管。

(6) 系统管理模块。该模块的功能主要是对用户（系统管理员用户、一般用户）进行日志管理、身份认证、权限管理等。

3.4.2 结构化数据整合系统

结构化数据整合在企业信息化建设中已经有一段时间了。1989年，美国加特纳公司数据分析师 Howard Dresner 提出商业智能（Business Intelligence，BI）的概念。BI 能首先将分散的数据集成到数据仓库系统中，然后利用报表、联机分析处理（Online Analytical Processing，OLAP）、数据挖掘等技术帮助企业进行业务分析，寻找业务规律，为企业的经营提供决策信息支持。政府部门已经开展了多年的信息化建设，积累了大量的结构化数据，既包括统计数据，如人口统计数据、经济统计数据，又包括实时运行的业务数据，如电网运行数据。为了进一步发掘这些结构化数据的价值，分析潜在的知识，需要对这些数据进行整合。挖掘数据的价值，使政府部门更加精准地把握业务状况和发展趋势，为政府人员提供更有价值的信息。下面从技术角度，介绍结构化数据整合的系统架构、流程设计和功能模块。

1. 系统架构

信息资源系统中包含大量的数据，特别是很多数值型的数据。如何整合这些数据，将其有机地组织、合理地存储、有效地利用是需要解决的重点问题。结构化数据资源整合解决方案包括数据采集、数据处理、数据整合和数据分析四大平台和报表定义工具，不仅解决了基层零散数据的收集问题，也解决了数据的存储问题，而且通过数据整合平台将各应用系统的数据整合在一起，为政府提供了强有力的决策支持。根据上述解决方案，设计结构化数据整合系统架构，如图 3-7 所示。

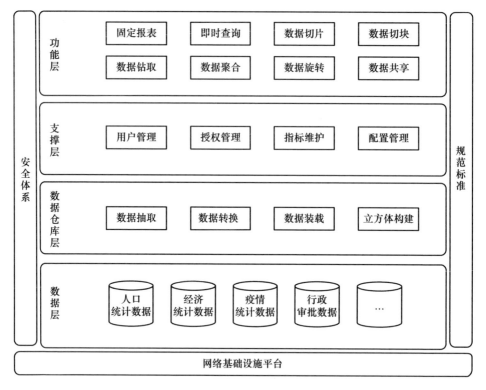

图 3-7　结构化数据整合系统架构图

（1）网络基础设施平台。该平台存储着网络或 Internet 连接、管理、业务运营和通信所有可能的网络资源，是所有结构化数据的来源。

（2）数据层。该层包括政府各个业务部门的数据和一些外部资料，主要有人口统计数据、经济统计数据、疫情统计数据、行政审批数据等。

（3）数据仓库层。该层存储和管理数据源层导入的数据，并负责对源数据的抽取、转换、装载和数字立方体的构建。同时，按照一定数据模型进行分主题组织，为功能应用提供数据支持服务。

(4)支撑层。该层是将分散、异构的应用和信息资源进行聚合,通过统一的访问入口,为实现结构化数据资源的无缝接入和集成,提供一个支持信息访问、传递以及协作的集成化环境,同时也为实现个性化业务功能的高效开发、集成、部署与管理提供基础。

(5)功能层。该层主要提供固定报表、即时查询、数据切片、数据切块、数据钻取、数据聚合、数据旋转、数据共享等功能,工作人员依照上述功能分析存储于立方体中的数据,从而获得包含在数据中的有用信息,同时得到的信息在保证其安全性的前提下可在用户中共享。

(6)规范标准。规范标准的制定一方面是为了保证数据仓库数据的正确性和完整性,确保数据在抽取、转换、装载、整合和分析等各个环节不失真并且准确表达;另一方面是为了及时发现业务源系统的数据质量问题,为逐步修正和改善业务系统的数据质量、加强业务操作的规范化管理等提供依据。

(7)安全体系。安全体系提供了基于业务规则,控制设计系统应用的安全管理措施;根据业务的要求设置功能控制点,并对每个控制点实施权限管理;同时,通过身份认证和用户角色管理做好权限控制。

2. 流程设计

结构化数据整合是指将不同来源、不同结构的结构化数据整合到数据表中,便于数据分析和直观展示。首先,对源数据进行抽取、转换和装载;其次,将数据根据主题及关键信息进行分类;再次,根据需求选择事实表和维度表,并建立数字立方体,同时在数字立方体的基础上进行分析操作,并以固定报表、多维分析报表、即时查询等方式呈现;最后,将整合数据存储到数据库中,并进行数据质量评估。

(1)数据抽取。针对不同来源的数据,采取不同的数据抽取方式,一般分为全量抽取和增量抽取。在进行数据抽取时,还要重点考虑数据抽取的效率，以及对现有业务系统性能及安全性的影响。

（2）数据转换。对抽取到的数据根据数据仓库的模型要求，进行数据的清洗、转换、汇总等处理，从而保证数据的一致性和完整性。数据转换要按照规定的标准和业务规则解决字段含义不明确、编码规则不一致、数据格式不统一等问题[7]。

（3）数据装载。将从数据源系统中抽取、转换后的数据装载到数据仓库的数据表中。装载操作包括清空数据域、填充空格和检查有效性等，主要的操作是插入和修改[7]。

（4）主题分类。将数据按照主题分类建库，数据库的命名需符合标准规范。每个数据库中应具备数据字典和数据内容表，数据内容应保证信息完整，且应与数据来源保持一致。

（5）事实表选择。事实表是对分析主题的度量，是一堆主键的集合，它包含了与各维度表相关联的外键，其中每个主键对应维度表中一条客观存在的记录，并通过连接方式与维度表关联。

（6）维度表选择。维度表可以使用上面按照主题划分好的特征词集合来生成，分别将每一个主题所代表的特征词集合作为一个维度，该主题中的每一个特征词作为主题对应的维度表的一个维度值。

（7）索引创建。对事实表和维度表中的关键字创建索引，需确保索引的唯一性和准确性，同一种数据尽可能使用一个事实表。

（8）立方体模型建立。数字立方体的建模方法有星形模式和雪花模式。根据上述事实表和维度表的选择和查询效率，优先选用星形架构，当星形架构不能满足需求时采用雪花架构。

（9）报表生成。利用 OLAP 工具，根据需求对数字立方体进行切片、切块、钻取、聚合、旋转等多维分析，从数据中获得有用信息，形成报表[7]。

（10）数据存储管理。将整合后的数据存储到数据库中，并在数据库中对数据进行监控、检查和校验，以确保数据的完整性、正确性、当前性和一致性。

结构化数据整合流程如图 3-8 所示。

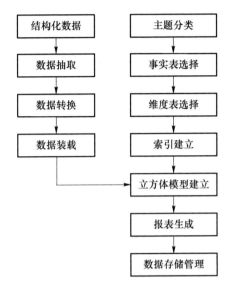

图 3-8　结构化数据整合流程

3. 功能模块

政府的各部门数据库中记录着工作人员、审批、财务等各种业务数据，业务部门想要从中得到自己需要的信息，政府的高层管理者需要知道整体情况以便于决策，因此结构化整合系统需要实现以下的主要功能需求：固定报表、即时查询和 OLAP 多维度分析和数据共享。OLAP 多维分析操作有切片、切块、钻取、聚合、旋转等方式，可以给分析人员提供多种观察的视角和面向分析的操作，使用户可以更加深入地解读数据仓库中存储的数据蕴涵的信息，挖掘隐藏在数据背后的实际价值。

（1）固定报表。将整合后的结构化数据生成固定报表，固定报表可以将数据数字化、信息化，将复杂数的数据转化为更直观的报表，便于数据对比和快速找到具有参考依据的数据项。

（2）即时查询。在用户查询业务时，系统需要调用大量历史和即时的业务数据,并且这些数据逻辑关系十分复杂,系统在交互上充分考虑到用户的高效率要求,保证系统的响应速度和即时查询功能。

(3) 数据切片。在多维分析过程中,给多维数据集中的某个维度选定一维成员的操作就被称为切片。切片的作用或结果就是舍弃一些观察角度,使人们能在两个维上集中观察数据。

(4) 数据切块。与切片操作类似,在一个多维数据集上对两个或两个以上的维选定维成员的操作被称为切块。也可以把切块看作多次进行切片后,将每次操作所得的切片重叠在一起形成的。

(5) 数据钻取。维度的层次反映了数据的综合程度,维度层次越高,其所代表的数据综合程度越高,细节越少,数据量越少;维度层次越低,则代表的数据综合度越低,细节越充分,数据量越大。数据钻取就是将低层次的细节数据到高层次的汇总数据的概括或减少维度。

(6) 数据聚合。数据聚合实际上是钻取的逆向操作,是从汇总数据深入到细节数据进行观察或增加新维。

(7) 数据旋转。在对多维数据集进行显示操作过程中,将多维数据集改变其显示的维方向,这种操作被称为数据旋转。这种旋转操作可将多维数据集中的不同维进行交换显示,使用户更加直观地观察数据集中不同维度之间的关系[7]。

(8) 数据共享。数据共享就是让在不同地方使用不同计算机、不同软件的用户能够读取他人数据并进行运算和分析。

结构化数据整合系统功能如图3-9所示。

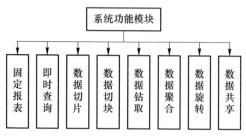

图3-9 结构化数据整合系统功能

3.4.3 多媒体数据整合系统

随着 4G 技术发展的日益成熟，越来越多的信息资源以音频、视频等多媒体方式为政府工作人员提供服务。但随着信息资源的数量日益增加，如何在大量的多媒体数据资源中快速获取精准、有效的信息变得尤为重要。互联网中的一些视频软件或产品，如抖音、快手等，在一定程度上满足了人们获取网络信息资源的需求。事实上，在政务信息资源服务中，如何快速定位用户所需的多媒体信息，精准提供信息服务一直是个问题。这需要充分利用海量的多媒体数据资源，开展多媒体数据整合。下面从多媒体数据整合系统设计角度，介绍系统架构、流程设计和功能模块。

1. 系统架构

多媒体数据整合系统以图片、音频、视频整合为主，主要是对图片、音频、视频介绍性文字以及相关索引的数据整合，形成多媒体全文检索库。音频、视频文字说明主要通过编写数据提取与全文数据录入程序，存储到全文索引库中，实现对图像、视频、声音的基于内容的检索和对介绍性文本的检索。多媒体数据整合系统包括数据层、组件层、服务层和功能层，功能层对外提供流媒体集群扩展、视频点播、视频广播、数据分析、第三方播放器等功能服务。多媒体数据整合系统架构如图 3-10 所示。

（1）数据层。多媒体整合的源数据，包括图片、音频、短视频、电视剧、动漫、新闻视频、录音广播等内容。

（2）组件层。起到承上启下的作用，它主要负责对数据层的搜索提供技术支持，用户利用搜索引擎、资源组件、主题描述、知识组件等组件对信息进行搜索，然后系统通过组件层将整合信息反馈至服务层。

（3）服务层。基于面向对象的思想，对应用程序封装了主要的业务逻

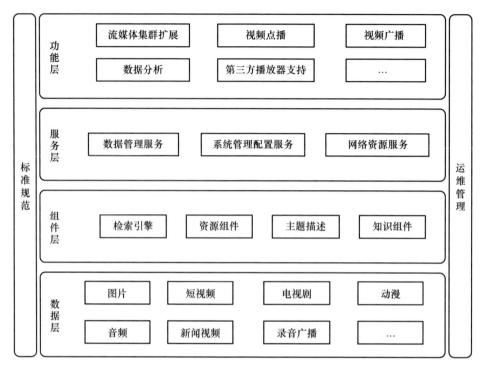

图 3-10　多媒体数据整合系统架构图

辑，为上层用户提供透明的信息服务。其主要包括数据管理服务、系统管理配置服务以及网络资源服务，同时也为用户提供日志查询、系统权限维护、系统配置以及网络资源的访问和维护等服务。

（4）功能层。根据系统功能和用户需求进行设计，主要包括流媒体集群扩展、视频点播、视频广播、数据分析、第三方播放器支持等5个功能模块。

（5）标准规范。在系统整合中对重复性的事物、概念及操作，通过制订、发布和实施标准达到统一，以获得最佳的实施效果。标准规范的制订为整合实施提供了科学指导和依据。

（6）运维管理。帮助系统快速适应业务环境的运维模式，确保对业务需求和运行环境变化进行及时、有效地支持，从而保证系统对变化的响应能力、效率和管理能力。

2. 流程设计

多媒体数据整合与网页文本类数据整合的方法类似，也是利用全文检索方法实现，不同的是多媒体数据的基本信息较少，包括标题、关键词、日期和数据来源，不包括图片、音频、视频的内容解析。多媒体整合首先抽取多媒体数据中的文本内容，对其进行标准化处理；其次，将源数据进行文本分词和文本聚类；然后，建立目标文件并与源文件建立对应关系；最后，将处理后的信息存储到数据库中，并构建索引。步骤要求如下。

（1）文本抽取。多媒体数据整合主要是对图片、音频、视频等介绍性文字的数据整合，所以针对多媒体源数据中介绍视频的文字、标题、日期等关键文本进行数据抽取。

（2）文本标准化。文本标准化就是对抽取后的文本进行有效性、一致性和完整性的检查，将冗余和格式不一致的数据按照规定的格式进行标准化转换，实现数据预处理。

（3）文本分词。将标准化后的文本，根据需要进行句法分析、语法分析、语义分析，对得到的上下文信息进行识别，并划分词汇。

（4）文本聚类。将文本分词中相似度高的数据元素划分到同一类中，将相似度低的数据元素划分到不同的类中，最终达到将数据集中的元素按照相似度的不同划分到不同类别中的目的。

（5）目标文件建立。在检索库中建立目标文件，并按照实际情况准确选择数据字段类型，合理设置字段长度，按字段的重要程度划分必选数据字段和可选数据字段。

（6）对应关系创建。目标文件建立后，明确源数据相关信息与目标文件字段间的对应关系。原则上，源数据基本信息对应目标文件的必选数据字段，源数据扩展信息对应目标文件的可选数据字段，其中必选数据字段不能缺省，当基本信息不完备时，可根据源数据的特点和检索的需要，补充扩展信息。

(7) 数据入库。按照对应关系,将源数据一一整合存储到数据库中,形成多媒体全文检索库。同时,在数据库中可以对数据进行自动化地解析、存储并管理各种业务的整合数据,并可以提供数据增加、修改、查询和删除等功能。

(8) 索引构建。根据整合的需求,对数据库中高频、区分度高的字段信息建立索引关系。建立索引保证了数据的唯一性,减少了数据检索的时间,方便了用户数据查询。

多媒体数据整合流程如图 3-11 所示。

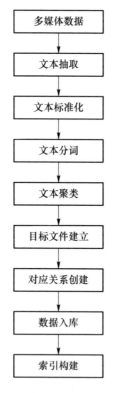

图 3-11　多媒体数据整合流程

3. 功能模块

多媒体数据整合子系统包括流媒体集群扩展、视频点播、视频广播、数据分析、第三方播放器支持等功能模块。如图 3-12 所示。

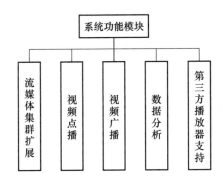

图 3-12 多媒体数据整合系统的功能模块

（1）流媒体集群扩展。多媒体整合系统中的图片、音频、视频等多媒体文件可被使用该系统的全体用户使用。它能实现资源共享，提供多种类、高效能服务。

（2）视频点播。根据用户要求播放相应的节目视频。视频点播的实现过程是当用户发出点播请求时，多媒体整合系统根据点播信息，将存放在数据库中的节目信息检索出来，以视频和音频流文件方式，通过高速传输网络传送到用户终端。

（3）视频广播。系统提供的一种观看视频的功能模式。视频广播有固定的播出时间和周期，视频内容有新闻、娱乐、服务等不同类型，用户可在一定时间内观看。

（4）数据分析。用统计分析方法对收集来的海量多媒体数据进行分析，将它们基本信息按照不同维度进行分析汇总，发挥数据的作用。

（5）第三方播放器支持。系统支持多个视频播放软件，用户可以根据自己的喜好和习惯选择适合自己的播放器来观看视频或者收听音频，这样可以提高多媒体整合系统的兼容性。

3.4.4 空间地理数据整合系统

当前，人类活动所产生的信息80%以上与地理空间位置有关。随着公众对空间地理信息的需求日益增加，政府部门经常需要获取空间地理数据进行管理和决策。在政务信息资源中往往存在来源不同、结构各异的空间信息，它们往往数据格式不同、比例尺度不同。同时，有大量的带有空间信息的政务数据需要转化为空间信息。为了进一步有效利用这些信息，深度挖掘数据的有效信息，需要对这些数据进行整合处理，包括比例尺分层、地理信息数据格式转换、地理编码与反编码、地理数据专题的集成构建、数据空间化、数据格式转换等内容。下面从空间地理数整合系统设计角度，介绍该系统的架构、流程设计和功能模块。

1. 系统架构

信息资源系统中包含大量的空间地理数据，由于空间地理数据的多源异构性，很难满足空间地理数据的共享与交换的要求，必须提出空间地理数据标准化、规范化的整合方案与技术路线，进行空间地理数据的整合。空间地理数据整合就是要解决空间地理数据存在的数据存储格式差异、坐标系差异、投影差异、语义差异和几何位置差异等，按照一定的空间地理数据标准、语义与空间几何位置一体化的数据模型对空间地理数据进行基础转换、空间地理提取和数据处理，整合成一体化的空间地理数据，最大限度地实现多源异构数据的完全转换或信息共享。根据上述解决方案，设计空间地理数据系统架构。如图3-13所示。

（1）数据层。政务信息资源中的空间地理数据包括基础矢量数据、数字高程数据、遥感影像数据、基础地图数据、地名数据、运行管理数据

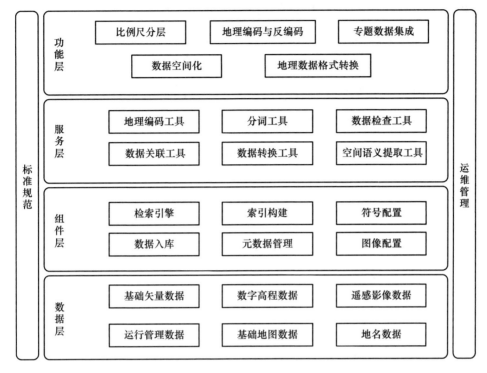

图 3-13 空间地理数据整合系统架构图

等。这些数据来源多样,具有不同的数据格式类型,编码方式也不相同,在综合应用时需要进行整合处理。

(2) 组件层。主要对空间地理数据进行处理与管理,配置相关的图像与符号,实现元数据管理,提供索引构建、检索引擎等工具支持。具体包括检索引擎、索引构建、符号配置、数据入库、元数据管理、图像配置等功能组件。

(3) 服务层。为系统实现有关的功能应用提供相应的工具。主要包括地理编码工具、分词工具、数据检查工具、数据关联、数据转换工具、空间语义提取等。

(4) 功能层。系统对外提供的功能服务,可满足不同业务下对于多种比例尺地图数据的需求。同时,支持地理编码与反编码,能实现同类型数据的集成,构建专题数据集,支持地理数据格式转换与数据空间化工作,为相关空间地理信息化应用提供支持。主要包括比例尺分层、地理编码与反编码、专题数据集成、数据空间化、地理数据格式转换等内容。

（5）标准规范。在空间地理数据的整合中对重复性的对象、概念及操作，通过制订、发布和实施标准达到统一，以获得最佳的实施效果。标准规范的制定为整合实施提供了科学指导和依据。

（6）运维管理。帮助空间地理数据整合系统快速适应业务环境的运维模式，确保对业务需求和运行环境变化，及时、有效地支持，从而保证系统对变化的响应能力、效率和管理能力。

2. 流程设计

空间地理数据整合是指将不同来源、格式、特征的数据进行加工、整合处理，实现空间地理数据的一体化管理和共享应用。根据数据类型特点，空间地理数据整合方法分为两类，即专题空间数据整合与包含空间信息的政务数据整合。其中，专题空间数据需要经过数据检查、格式确定、比例尺分层、地理编码与反编码、格式转换、元数据提取、标准入库、索引构建等步骤及流程。政务数据整合需要经过文本分词、地址提取、空间语义提取、坐标点及其范围确定、地理编码、元数据提取、标准入库、索引构建等步骤及流程。空间数据整合的最终结果将是专题空间库以及空间元数据库，通过元数据实现数据的多类型检索，通过专题空间库为信息查询与可视化提供基础空间数据源。空间数据处理流程如图 3-14 所示。

1）专题空间数据整合

将地理网格，以及空间化后的政务信息进行信息资源整合，实现在多分辨率、多尺度下的地理网格政务信息资源整合，即不同层级的政务信息，与不同级别的行政区划相整合，当用户使用不同的分辨率，显示不同级别的行政区划时，可以展示相应的政务信息。具体如下。

（1）在信息资源空间化基础上，逐条进行标引，为空间相关信息资源增加行政区划编码、规则地理网格编码属性。

（2）对于任意目标区域，快速获取区域内多尺度网格列表。

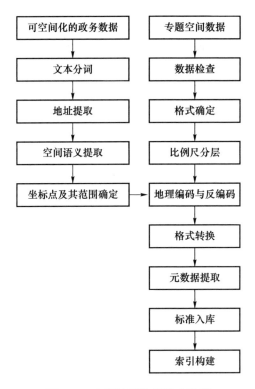

图 3-14　空间地理数据整合流程

（3）根据地理网格列表，通过地理网格索引提取并合并地理区域内的网格信息资源。

（4）通过超文本与地理信息编辑和图文混合排版，实现多来源、多尺度业务文本、表格信息与地理信息在网格对象级的整合与一体化展示。

2）政务信息空间化

通过提取政务信息中隐含的空间信息，采用一定方法获取空间数据，实现政务信息空间化，从而便于在地图上可视化表达。可采用地理对象关联、统计数据关联和地理编码等方法。

（1）地理对象关联。通过地名关联政务信息和空间地理数据，获取政务信息坐标实现定位。

（2）统计数据关联。以行政区划为统计单元的统计数据，利用实体编码关联实现空间化。

（3）地理编码。通过地址描述获取地理坐标。

3. 功能模块

空间数据整合子系统包含比例尺分层、地理编码与反编码、专题数据集成、数据空间化、地理数据格式转换等 5 个功能模块。如图 3-15 所示。

（1）比例尺分层：根据国家标准比例尺地形图的相关标准，对空间数据进行比例尺划分，确定其信息密度及适合展示的比例范围。对于非标准数据如无严格成像条件参数的航摄照片，则通过其误差范围来确定其所属的比例尺分层。

（2）地理编码与反编码：基于地名实体库和中文分词技术，研究基于条件随机场和基于篇章的地名及其关系识别方法，设计基于语义模板的位置信息与属性信息抽取方法；在此基础上，研究基于语义相似度评价和地理编码的"名称—要素"匹配方法，实现非结构化、半结构化文本信息与空间数据关联与整合。

（3）专题数据集成：采用多因子融合方法，分区、分级实现政务统计数据的多级网格单元空间化，生成基于多级地理网格单元的政务统计数据分布。

（4）数据空间化：基于政务统计数据库、地形数据库、地表覆盖数据库、土地利用数据库，根据相关分析处理技术，结合政务统计数据分布的限制条件，实现政务统计数据在空间单元内的定量分布。

（5）地理数据格式转换：实现各种类空间数据格式与标准数据格式之间的相互转换，支持包括 Shapefile、Mapinfo、DWG、GML、WKT、WKB、Geodatabase 等数据格式。

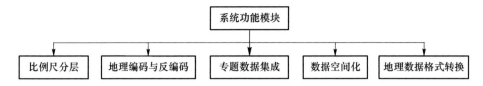

图 3-15 空间地理数据整合系统功能

本章参考文献

[1] 刘奕湛,程士华.中国国家人口基础信息库已存储有效人口信息 13.99 亿[EB/OL].(2017-11-21)[2022-2-10]. https://www.thepaper.cn/newsDetail_forward_1873496.

[2] 王进孝.人口基础信息资源建设、共享与应用研究[J].电子政务,2010,(1):43-49.

[3] 法人库.全国组织机构代码管理中心—诚信体系实名制查询.(2015-04-18)[2022-02-22]. https://baike.baidu.com/item/%E6%B3%95%E4%BA%BA%E5%BA%93/17278815.

[4] 李军,曾澜.自然资源和地理空间基础信息库建设框架设计[C]//中国地理信息系统协会第九届年会论文集.2005:836-842.

[5] 张广良.沧州市智慧城市建设办公室城市大数据中心建设项目(2020-04-25)[2022-2-10] https://wenku.baidu.com/view/f9032f251cd9ad51f01dc281e53a580216fc5029.html.

[6] 李芸.基于爬虫和文本聚类分析的网络舆情分析系统设计与实现[D].成都:电子科技大学,2014.

[7] 孟维一.基于数据仓库的保险商业智能系统设计与实现[D].北京:北京交通大学,2016.

第4章 政务信息资源跨库检索服务

4.1 政务信息资源跨库检索

随着互联网的飞速发展，网络上的政务资源不仅在数量上日益增加，而且在种类上也越来越丰富。不同类型的政务资源被存储到不同的资源库中，各个资源库拥有不同的政务资源检索系统。资源库中包含着不同种类的政务资源格式，虽然这些数量足够多、种类足够丰富的资源可以满足用户查找资源的多种需求，但是由于政务资源的多样性不仅体现在数据结构方面，而且也体现在检索采用的机制和策略方面，这就造成检索的资源会存在大量内容重复，用户需要去每个检索系统逐一进行信息查找，之后还得自己对检索结果进行筛选。这样不仅浪费了用户的时间，还降低了服务的效率，从而大大降低了用户使用系统的积极性。政务资源库建设的主要环节就是对数字政务信息资源进行融合，如何融合数字政务信息资源，从而实现不同异构资源库的无缝衔接就成为目前需要解决的关键问题。只要解决了该问题，为不同用户提供一站式及透明化的检索就不再是难题。

政务信息资源跨库检索服务正是针对以上问题出现的。跨库检索系统可以解决政务信息资源采用分布式的存储管理后，给使用集成式的资源检索方法带来的极大困难的问题。政务信息资源跨库检索服务通过对不同异构数据源进行映射及存储、将映射规则关系构建映射关系数据库、将检索指令转换成数据库查询语句、多任务并行处理和检索结果处理等一系列过程，实现政务信息资源的共享，用户只需要查询一次，便能够同时对多个政务信息资源的数据库进行一站式的透明化访问，这样不仅提高了用户资源检索的效率，而且在很大程度上改善了资源库的利用率。

政务信息资源跨库检索并不等同于搜索引擎，它应为用户呈现政务系统的整体信息资源，帮助用户定位相关的政务资源并直接融合这些资源，在各类政务信息资源中通过关键词的搜索实现知识发现。相较于一般的搜索引擎，政务信息资源跨库检索有如下五个特点。

1. 跨库检索查全率高于一般的搜索引擎

例如，对于关键字索引检索，一般的搜索引擎只对一条信息中具有检索意义的语词进行标引，标引深度总是有限的，无法满足人们对信息查全率的高要求，而跨库检索服务可以对文本中的每个字、词进行标引，其标引的深度达到了极限。

2. 跨库检索能实现计算机自动标引

主题词索引法和关键词索引法是采用人工赋词标引的方法，这些方法需要标引人员手工对各种信息进行加工处理，给出检索标识，所以效率低；而且标引质量由于手工的参与，带有很大的局限性。而跨库检索服务可采用计算机自动抽取文本中的字、词进行标引，从而大大加快了标引的速度。

3. 跨库检索的检索界面友好

基于WWW的跨库检索服务，一方面，通过采用成熟的数据库技术，提供了灵活的信息处理机制；另一方面，通过使用 Web 技术，可以向用户提供美观、大方、易用的用户检索界面，整个检索过程对用户是透明的，用户所要关注的是自己输入的检索词。并且在检索过程中，还能够给用户相应的一系列支持，如相近检索词等，使用户不需要具备很多的检索知识，就可以进行信息的检索。

4. 跨库检索能提供多种检索功能

跨库检索服务除了提供一般搜索引擎具备的"AND""OR""NOT"逻辑检索功能外，还具备字符串检索、截词检索、检索结果排重和检索数据追踪等多种检索功能，可以根据不同用户的使用习惯提供个性化服务。

5. 跨库检索更加灵活

跨库检索技术将位于原始文献的标题和正文中的每一个有意义的词都作为检索入口，允许对原始文献中的任何章节、段落、句子、词或字进行检索，提供了极高的标引深度。它允许用户利用自然语言进行检索，增大了用户的自由度。

4.2 政务信息资源跨库检索的总体架构

根据体系结构法和系统工程方法论，按照政务信息资源跨库检索的需求，政务信息资源跨库检索的总体架构可以设计为三个不同的层次，分别为应用层、处理层以及资源层。政务信息资源跨库检索的总体架构如图 4-1 所示。

1. 应用层

应用层主要是在客户端为用户提供检索查询的界面，在界面上提供统

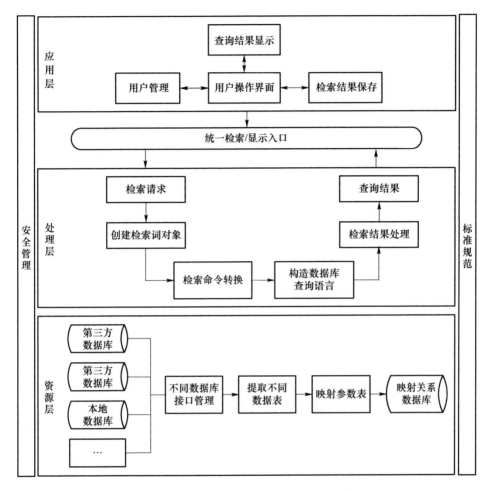

图 4-1　政务信息资源跨库检索的总体架构

一的检索入口,通过该入口将用户输入的检索关键字传递给处理层和资源层进行检索处理,并将检索结果按照统一格式呈现出来,保存检索结果方便下次检索。

2. 处理层

处理层主要是对检索请求进行处理并返回给应用层。处理层接收到前台传来的检索请求,根据检索处理流程对检索请求进行处理,首先创建检索词对象,然后使用检索词对象对检索表达式进行构造,将统一格式的检索表达式转化为字符串，根据字符串构造数据库查询语言，最后将经过处理的检索结果返回给用户。

3. 资源层

资源层主要是系统的数据源来源，分为本地数据库以及第三方数据库两类，由于每种资源库的元数据描述标准不一样，数据的结构类型也千差万别。为了实现异构数据源之间的资源共享以及互操作，需要通过元数据的映射将不同数据结构的资源进行统一结构化处理，再将转化后的统一数据格式存储到特定的映射关系数据库中，这样就可以同时并行地访问多个数据库。

4.3 政务信息资源跨库检索流程设计

4.3.1 异构数据源映射及存储

政务信息资源跨库检索以异构数据源为切入点，首先使用分布式异构数据源汇聚策略将资源进行集中管理，然后通过基于元数据抽取的映射实现解决了来自异构数据源的数据具体如何获取，获取后的政务信息资源如何映射，映射后如何存储的问题。接下来，在具体实现过程中，将异构数据源映射及存储模块实现主要分为异构数据源汇聚和基于元数据抽取的映射两个部分。

1. 异构数据源汇聚

将分布在各处的异构学习数据源集中起来进行管理，使集中管理后对异构数据源可以进行下一步的映射及存储。通常利用分布式的异构数据源汇聚策略,该策略主要采用网络连接存储的形式,通过网络共享 NAS 中的文件将网络资源设备中的不同服务器和资源存储数据进行分离[1],将分离出来的资源存储数据进行集中管理。这样做可以适应不同的环境,将不同数据源进行汇聚共享,待进一步对数据进行处理。

2. 基于元数据抽取的映射实现

将分布式的异构资源集中管理存储后,由于每种资源库的元数据描述标准是不一样的,数据的结构类型也千差万别。为了实现异构数据源之间的资源共享以及互操作,可以通过元数据的映射将不同数据结构的资源进行统一结构化处理,使其他第三方资源库与本地资源库形成互操作,将外来资源映射到本地。

通过对政务信息资源库进行分析,将政务信息资源库按照数据库类型分为关系型数据库和非关系型数据库。将元数据的格式标准属性节点作为映射参照表,该参照表类型为 XML 格式。为了同一类型文档映射处理的方便性及高效性,可以先将不同类型的数据库转化为 XML 文档,然后进行同类型 XML 文档之间的转换。所以,将基于元数据抽取的映射实现分为两个阶段:数据库表结构分析阶段以及映射规则分析阶段[2-4]。

1) 数据库表结构分析阶段

(1) 关系型数据库。关系数据模型是由行和列组成的二维表格模型,所以一个关系型数据库其实就是一个数据组织,该数据组织是由一个二维表以及二维表之间存在的一些联系组成的。将关系型数据库转换为 XML 文档共分为三个步骤,如图 4-2 所示。

步骤一:采用关系型数据库编程接口对不同数据库进行访问。不同厂商的数据库提供的接口是不同的。例如,MySQL 数据库和 SQLServer 数据库采用的是 JDBC 编程接口,而 Oracle 数据库采用的是 ODBC 编程接口。

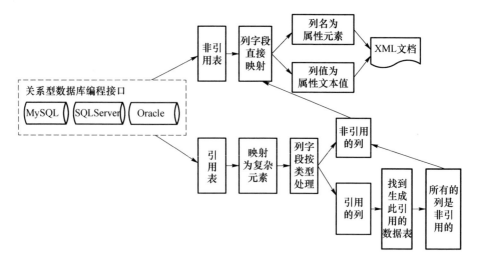

图 4-2 关系型数据库到 XML 文档的转换

步骤二：将数据库中表的类型分为引用表和非引用表，引用表指的是数据表中引用了其他表的主键，引用表和非引用表处理是不同的。非引用表的处理比较简单，直接将表的列字段转换为简单元素。引用表需要转换成复杂的元素，元素之间存在着嵌套的父子关系，对数据表的列按照类型又分为引用列和非引用列。非引用列直接按照简单元素处理，引用列则需要找到生成此引用的数据表，直到找到的元素都是非引用的为止，最后按照寻找的层级关系进行转换。

步骤三：列名称转换为属性标签名称，列内容转换为标签文本值。删除关系数据库中因规范化结构而导致的冗余。

（2）非关系型数据库。非关系型数据库使用键值对的形式存储数据，这些数据存储之后是分布式的。非关系型数据库严格上讲其实并不算是一种数据库，应该只是一种将数据进行结构化规范存储的集合。从非关系型数据库转换为 XML 文档共分为三个步骤，如图 4-3 所示。

步骤一：通过非关系型数据库提供的编程接口对底层数据源进行访问。

步骤二：按照键值对提取数据表中的数据。

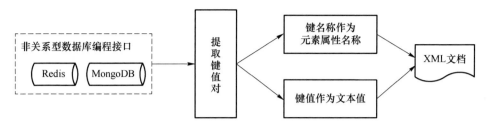

图 4-3　非关系型数据库到 XML 文档的转换

步骤三：将键名称作为元素属性名称，键值作为文本值进行转换。

2）映射规则分析阶段

首先将元数据 CELTS 的格式标准属性节点作为参照映射表，其中定义了能描述资源信息属性的关键字段作为元数据项，并将这些元数据项存储到 XML 文档中作为映射参照表。然后将前面不同数据库类型表结构转换为的 XML 与 CELTS 标准的 XML 映射参照表进行同类型数据结构的映射。根据针对同类型 XML 文档之间映射过程中冲突的几种情况，形成的映射规则如图 4-4 所示。

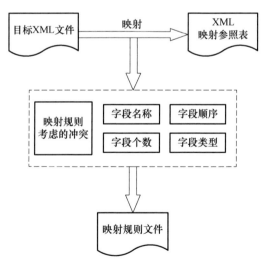

图 4-4　XML 文档之间的映射规则

（1）字段的名称以及顺序不同。二者之间是否能够进行映射的判断依据是元数据的语义，在元数据语义化映射过程中，将映射表作为一组被推荐的元数据，字段名称和顺序按照映射参照表的内容形成统一的规则。

（2）字段个数不同。如果目标 XML 的属性字段比映射参照表相应的属性字段多，则要在映射前将映射参照表的相应属性字段设置为空或者默认值。如果映射参照表属性字段比目标 XML 的属性字段多，则不需要做任何的处理。

（3）字段类型不同。将映射参照表的数据类型作为具体映射过程中的类型。经过多数据源的汇聚和映射存储后，就完成了对来自各数据库的政务信息资源的集成以及映射存储的工作。

4.3.2 映射关系数据库的构建与解析

在基于元数据抽取的映射处理后，将映射规则关系进行了映射关系数据库的构建。如果在映射过程中，目标 XML 属性字段存在与映射参照表相对应的字段，则直接在映射参照表对应的字段下面为其添加子节点，并且将目标 XML 对应的数据库的名称作为字段属性名称，该属性名称的值为对应的字段。如果在映射过程中，目标 XML 属性字段没有与映射参照表相对应的字段，则直接在映射参照表对应的字段下面为其添加子节点，并且将目标 XML 对应的数据库的名称作为字段属性名称，该属性名称的值为空值。构建的基本过程如图 4-5 所示。

对映射关系数据库进行构建之后，对其提出了具体的解析方法。映射规则形成的关系数据库是 XML 结构类型的存储文档，对于 XML 结构的存储，使用了 dom4j 的技术。dom4j 技术可以对 XML 文件进行解析，解析的原理是该技术集成了 DOM 和 SAX 的 XML 文档类型的解析器。具体解析过程如图 4-6 所示。

首先通过 Dom4j 技术创建 SAXReader 类，使用该类对映射关系数据库进行读取，读取之后获得 document 对象，然后按照嵌套的层次父子节

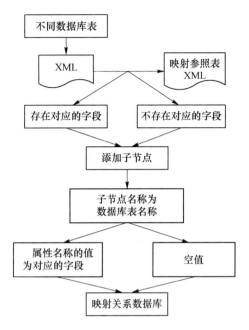

图 4-5　映射关系数据库的构建

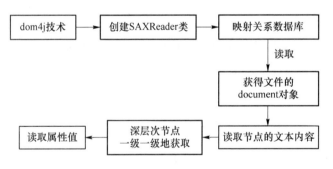

图 4-6　映射关系数据库的解析

点关系逐层获取节点。SAX 采用的是基于事件驱动的解析方法，通过对映射关系数据库进行逐行扫描解析，解析之后获得关系映射数据库中的对应属性字段，每个字段对应的属性值也要读取出来。

4.3.3 检索请求处理

检索请求处理模块将用户输入的检索请求提交到请求表单后,对用户输入的检索词进行获取,获取后要进行检索词对象的创建,需要通过对应的服务接口将检索词对象根据面向多数据源的检索命令转换机制转换为固定格式的参数格式。

检索指令转换的主要功能是处理用户输入的不同检索条件,将这些条件"翻译"成符合检索系统要求的检索表达式,再将这些检索表达式转化为各个异构资源库的具体检索指令,根据检索指令并行检索资源库,查找符合条件的信息资源供用户使用[5]。多数据源检索的命令解析的关键问题是如何把标准化输入的检索式转换成各个不同数据库对应的检索式,也就是将统一界面上所显示的标准"语言"与意思相同但表示不同的各数据库的"语言"进行一个正确的映射表示。例如,在输入的检索条件里提取出关键字"题目",最后可以转换成包含"题目"的 SQL 查询语句。整个面向多数据源的检索命令转换模块实现过程共分为三个步骤,如图 4-7 所示。

步骤一:用户输入检索的请求条件后,检索表达式拼接检索条件中检索词之间存在的逻辑关系或者位置关系等,然后检索表达式形成检索命令式,该检索命令式能够被计算机识别和执行。

步骤二:将不同检索命令式进行不同数据库语言的处理,其中包括结构化数据库语言处理以及非结构化数据语言处理,最后形成多个 SQL 查询语句以及多个 NoSQL 查询语句。

步骤三:根据底层数据库的类型,将不同查询语句分发给各个不同数据库进行结果的检索。

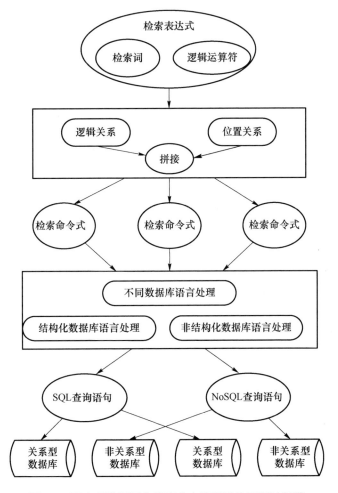

图 4-7 面向多数据源的检索命令转换模块实现过程图

4.3.4 多任务并行处理

跨库检索技术一直存在一个比较困难的问题,就是如何对检索请求的处理实现多任务的并行处理,虽然目前有一些产品具有并发检索技术的功能,但仅仅是通过使用多线程技术,对多个数据源资源库返回的检索结果进行的统计,统计的是检索结果的数量多少而已,这样的实现其实并不是对多库检索并发访问实际意义上的实现。并发访问存在的主要问题是多个并发的任务同时执行，会加大服务器的负载，使得服务器处理检索任务的时间加长，造成了用户等待请求结果的时间加长。

为了提高资源检索的效率，将跨库检索的多任务并行处理的实现方法分为三个主要的实现阶段：划分多个检索任务的实现阶段、为每个任务处理器分配数据块的实现阶段以及创建执行任务参数的实现阶段[6]。

1. 划分多个检索任务的实现阶段

首先，需要确定对不同检索请求可以并行处理的检索任务，计算并行检索任务的数量；然后，根据这些数量值对请求的数据进行分解。将多个请求的数据分解为多个不同的数据块，这些数据块将会交给系统中的多个任务处理器去处理。当然，如果请求的数据量不是很多，那么仅仅进行单任务处理就可以了。

2. 为每个任务处理器分配数据块的实现阶段

将上一步分解好的不同数据块分配给系统中不同的任务处理器进行处理执行，执行的前提是首先要计算系统中各个任务处理器能够处理的数据块大小是多少，然后根据计算得到的值，给各个任务处理器分配不同数量的数据块。

3. 创建执行任务参数的实现阶段

分配好各个任务处理器的数据块以后，还需要计算每个任务处理器负责处理的数据块的开始位置和结束位置。执行的时候，各个任务处理器从计算好的数据块的开始位置对数据块进行处理，根据计算好的结束位置对数据块停止处理。当然，必须保证所有的检索任务执行完，所以要保证最后一个任务处理器可以处理到数据块的最后。系统将会根据数据块的开始位置和结束位置为每个任务处理器创建数据任务的参数。多任务并行处理的具体实现思路如图 4-8 所示。

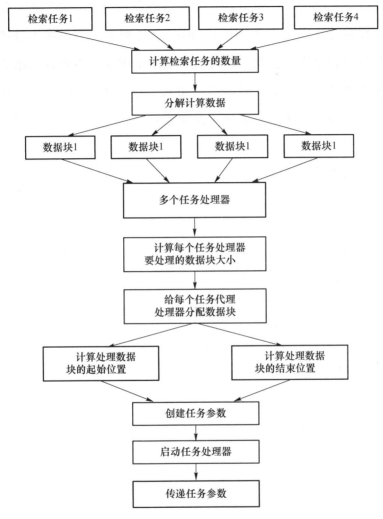

图 4-8　多个检索任务的并行处理

待为所有的任务处理器准备好自己要处理的数据块的任务参数后,接下来就要启动系统的任务处理器,在启动的同时,需要将任务处理参数传递给各个任务处理器。在各个检索任务都处理完成后,需要获取各个任务处理的请求结果,这些结果等待进行后续结果处理模块的融合及优化。

4.3.5 检索结果处理

检索后得到的没有经过任何处理的政务资源不仅会存在大量的重复结果，而且顺序都是杂乱无章的，会大大降低检索效率。对检索结果的处理有两个方面需要考虑：第一，检索结果如何统一格式化融合处理；第二，融合处理后的结果如何去重排序优化。

1. 检索结果融合

首先从不同资源库查询出表示同一事物的检索结果，根据检索字段在映射规则关系数据库中找到对应的字段；然后以该字段为属性标签建立 XML 统一结构的文档，属性标签的值为不同检索结果。检索结果融合示意如图 4-9 所示。

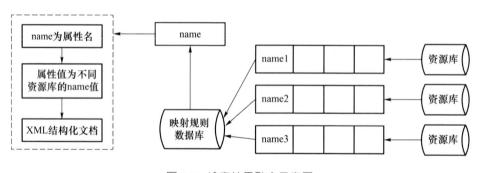

图 4-9 检索结果融合示意图

例如，根据检索指令从不同资源库中检索出不同的 name 值，不同 name 值如何进行融合就是检索结果融合的问题。解决的办法是首先根据不同 name 值的检索字段在映射规则库中找到对应的 name 值，然后以 name 值为属性名，不同 name 值为该属性名的具体内容值，最后存到结构化文档 XML 中。

2. 检索结果去重排序优化

在检索后得到的没有经过任何处理的学习资源，不仅可能存在大量的重复结果，而且可能出现的顺序都是杂乱无章的，这种现象会大大降低检索效率。检索结果优化模块处理的核心是将各个异构数据源得到的检索结果进行相关度去重排序，通过空间向量算法[7-8]以及 ARFA 去重算法[9-10]可以提高检索结果的查询准确度。目前，各个异构数据库提供方采用各自的去重排序算法进行数据处理，这会导致相同的检索结果在不同的数据库中有不同的结果。

所以，需要合适的去重排序优化策略让用户在短时间内看到自己想要的检索结果，从而提高检索效率。政务信息资源跨度检索服务的检索结果是政务资源信息，为了提高检索效率，需要对检索结果进行去重排序优化，共分为四个步骤，具体如图 4-10 所示。

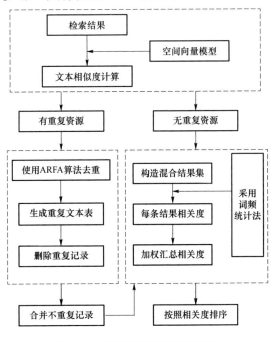

图 4-10 检索结果去重排序优化

步骤一：通过指令检索模块获得检索结果，政务信息资源检索服务的检索结果是政务资源信息，将信息来源于哪个资源库进行记录以便学习者浏览，为下次检索相同内容积累经验。

步骤二：使用空间向量模型将每个政务资源信息进行文本相似度计算，根据计算所得的值来确定是否存在重复的资源题目，如果存在重复资源，则使用 ARFA 算法进行文本去重处理，生成重复的文本表，然后删除重复的记录，将不重复的记录进行合并；如果不存在重复的资源，则直接合并不重复的记录，构建一个混合结果集，采用词频统计算法对结果集中每个题目的相关度进行计算。

步骤三：计算得到相关度的值后，还需要对两个方面的信息进行总体分析，这两个方面的信息分别是检索条件的资源描述信息和相关度的信息，然后通过加权汇总后，得出每条检索结果的最终相关度值。其得到的相关度值就是最优解，将相关度高的排在前面，相关度低的排在后面，得到的结果就是输出的最终结果，输出显示时按照用户自定义的格式进行排列。

步骤四：将检索结果缓存到本地数据库中，目的是提高下次检索相同内容的访问速度。

4.4 政务信息资源跨库检索功能

4.4.1 政务信息资源跨库检索支撑服务

为了满足用户的查询需求，提供准确、高效的政务信息资源跨库检索服务，需要数据源管理、检索调度以及结果处理三个主要功能模块的支撑，如图 4-11 所示。

政务信息资源跨库检索服务 第4章

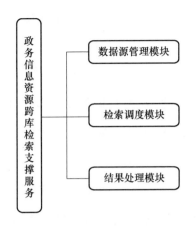

图 4-11 政务信息资源跨库检索支撑服务

1. 数据源管理模块

由于政务信息资源来自不同的数据库，具有分布式的特点，所以数据源管理模块主要将外来的第三方资源映射到本地进行存储。多个不同异构数据源的检索过程与只有一个数据源检索的过程是不同的，政务信息跨库检索在运行时，需要根据用户检索的请求进行不同数据库的格式转换。要想对第三方资源库进行检索，首先需要将检索的数据源在政务信息资源跨库检索支撑服务上进行注册，注册后的数据源可以参照映射参照表进行映射；然后将源数据库与映射参照表之间的对应规则存储到映射关系数据库中，待检索时查询信息。数据源管理模块的数据源主要来源于第三方资源库，为了将这些资源库进行汇聚，采取基于元数据的映射，将映射后的数据最终保存到映射关系数据库中。

2. 检索调度模块

检索调度模块选取本地数据库与第三方资源库相结合的政务资源对象进行检索，用户在检索的过程中，不断将检索词和检索结果进行本地缓存，存储到本地数据库中，从而尽量使得用户检索所需的数据可以在本地数据库进行抽取，这样大大提高了检索的效率及速度。用户检索政务资源时，可以先选择检索方式，系统会将检索请求表单提交到检索数据处理层进行处理，处理层会将检索请求进行格式转换，最终转换成底层不同资源库能够接受的数据库语言进行并行处理。

3. 结果处理模块

结果处理模块主要有两个核心内容，分别是检索结果的融合和检索结果的优化。其中，检索结果的融合主要是将检索返回的不同类型的数据库表字段转换成统一数据格式。检索返回的资源字段各种各样，包含关系型数据库的 SQL 字段以及非关系数据库的 NoSQL 字段，为了最终能统一显示到跨库检索平台上，要为不同格式的字段找到能够同时处理这些字段的方式，将它们融合成统一的数据格式。

检索结果的优化主要指的是对融合处理后的检索结果进行去重排序。统一检索界面显示的检索结果可以按照时间、关键字匹配度、文字顺序进行排序，每条检索记录可以显示来源于哪个资源库。

4.4.2 政务信息资源跨库检索应用服务

政务信息资源跨库检索服务可以分为政务信息跨库检索服务和政务信息跨库检索个性化服务两大模块。

1. 政务信息跨库检索服务模块

该模块包括基本功能模块、高级检索模块、热门检索模块、检索任务定制、检索结果排重、检索结果组织和检索数据追踪七个部分，具体示意图如图 4-12 所示。

政务信息资源跨库检索服务 第4章

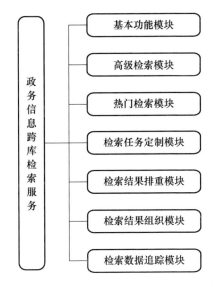

图 4-12 政务信息跨库检索服务功能模块

1) 基本功能模块

基本功能是信息资源检索服务系统提供的常用检索功能，包括简单检索、高亮显示、拼音检索、输入提示和输入矫正等基本功能。

简单检索模块支持基本功能的全文检索，用户输入检索词，检索服务根据检索词进行数据检索，默认检索内容为标题和正文；高亮显示模块支持根据用户输入的关键词在概览和细览中高亮显示相关关键词，采用检索网站常用地把关键词标红方式，例如检索"北京"两个字，检索结果关键词标红显示；拼音检索模块支持根据检索词拼音格式提示拼音词语；输入提示模块可以实现在用户输入字符的时候，根据用户输入的单词匹配，自动产生下拉输入提示，以便于用户选择；输入矫正模块可以实现输入的内容不满足不常规输入时，自动矫正输入。

2) 高级检索模块

高级检索模块是政务信息资源检索服务系统的高级功能部分，包括多关键词检索、限定时间范围检索、限定数据库检索、检索结果二次检索和文件格式检索等功能；高级检索方式还支持多种运算符计算，包括比较运算符、逻辑运算符等多种运算符检索方式。

多关键词检索模块支持多字段之间或多字段内与、或、非、异或等查询；限定时间范围检索模块可以把检索范围锁定在某个时间段内，根据选定的时间范围结合数据创建时间进行检索，使检索出来的结果更加准确；限定数据库检索功能模块可以实现用户对特定数据库的检索；检索结果二次检索模块指用户可以根据检索出来的结果进行第二次检索，二次检索通过在检索结果中修改条件进一步展开检索；文件格式检索模块支持按照文件的格式进行检索，例如可以检索视频类、文档类等文件。

3）热门检索模块

热门检索，顾名思义，是检索目前或者时下正在热议的新闻或话题等信息资源，用户输入热门词汇或标题进行热点资源检索，系统把检索出来的热点信息结果呈现给用户。热门检索包括热门短语维护、热门信息检索以及热门检索排行。

热门短语维护模块支持根据近期社会关注的热门事件对检索系统页面中的热门短语链接提供维护，在更新相关数据库内容后，自动更新显示热门短语链接；热门信息检索模块支持根据最近导入的信息资源实现相关热门专题信息的搜索，用户点击页面中的热门短语超链接后，将自动进行热门信息检索；热门检索排行模块支持根据每周的日志记录，统计分析热门主题检索频率，实现热门信息检索排行功能，通过热门检索可以统计出用户最感兴趣的热点信息资源。

4）检索任务定制

当用户需要长时间关注某一主题或专题信息时，无须每天都进入政务信息资源检索系统进行检索操作，只需要将检索条件定制为检索任务，系统则会不断更新发送相关检索结果。其包括检索任务维护以及检索结果推送。

检索任务维护模块支持针对用户提供的检索任务的设置、编辑、取消地址等功能；检索结果推送模块支持根据用户定制的检索任务中包含的检索条件在每天更新的信息资源中进行检索，并将检索结果以增量的方式传送到用户桌面，用户打开信息检索系统后就会收到相关信息的提示。

5）检索结果排重

检索结果排重，顾名思义，就是对检索出来的结果进行重新组织排重。通过匹配检索数据的元数据，提出检索结果集中的重复条目，对根据输入的关键词检索出来的结果进行排重，按照时间先后顺序以及同一数据来源进行重排，实现检索数据排重。

6）检索结果组织

检索服务系统检索出来的结果包含各个方面的数据来源，是杂乱无章的，会给用户阅读带来不便。所以，要针对检索结果进行重新组织、排序等处理，以达到检索结果的合理性和有序性。

目录导航模块支持将所有的信息内容分类并通过目录导航的方式来展现；相关搜索模块支持根据检索结果组织生成相关搜索和推荐词，这些是和用户输入的关键词内容相近、相同或具有主题范畴关系的搜索内容，用户可能会对这些推荐词和相关词感兴趣，为用户提供方便检索模式；主题分类模块支持在分析检索结果时按照资源主题自动划分，按照不同的主题统计相关的结果。

地图关联模块支持检索资源中有关地图方面的信息，包括省、市、县、镇、村等地名信息以及其他地名信息。针对这些信息进行检索，检索出来的结果与电子地图关联，以地图定位的方式展现给用户，用户点击地名信息或地图时，系统将自动调取相应的电子地图服务直接进入全国空间信息系统，为用户提供空间地理信息服务。

专题关联模块可以针对现有的专题系统进行检索关联，根据用户输入的专题关键词进行检索，并将检索出来的专题标题结果与相关专题进行关联，在检索页面中展示相关专题链接。用户只需要点击专题标题，就可以进入相对应的专题系统。

智能排序模块支持将检索结果按照设定的排序原则进行自动排序。例如，可以按照日期排序、按照数据资源系统进行排序、按照主题描述系统中的相关主题进行排序等。

7）检索数据追踪

提供查看数据信息的展示功能，主要实现检索结果内容的展示。例如，可以根据检索结果与该信息对应的资源系统进行关联，实现数据源的追踪。用户点击某一检索结果条目可查看与该条目相关的元数据信息；若检索结果为文件类型数据，则用户可以通过链接信息实现在线浏览和数据下载。

2. 政务信息跨库检索个性化服务模块

政务信息跨库检索个性化服务模块包括系统个性设置、个人检索历史记录和检索结果收藏三个部分，如图 4-13 所示。

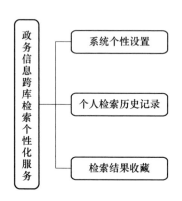

图 4-13 政务信息跨库检索个性化服务模块

1）系统个性设置

系统个性设置为用户提供更加人性化的功能，包括检索偏好设置以及结果翻页重新检索模块。检索偏好设置模块支持用户根据自己的检索习惯设置个性化查阅方式以及每页显示检索结果的条目数；结果翻页重新检索是一个体验检索结果效率的特色功能，用户设置检索结果翻页更新，检索服务系统会根据用户的设置，根据检索结果的数量进行适当的优化。例如，当系统检索结果数目较大时，系统不会将所有搜索结果全部放入内存，而是提供检索结果翻页功能，动态加载当前页面关联的数据，这样提升了用户体验。

2）个人检索历史记录

不同于其他商业网站的个人搜索历史记录方式，政务信息跨库检索个性化服务基本采用Cookie存储个人搜索历史记录，持久保存在数据库中，这不仅可以帮助用户对自己的检索记录进行保存，还能为后期购买资源数据提供依据。

3）检索结果收藏

收藏夹类似于IE总收藏夹功能，就是把用户感兴趣的信息资源放入收藏夹里，便于用户以后快速检索使用。对检索出来的结果，用户可以选择添加到收藏夹功能。收藏夹功能包括收藏夹的维护、关键词添加收藏夹和收藏夹内容导出功能。收藏夹维护模块提供收藏夹的条目添加、批量增加、内容移除、清空收藏夹、导出列表等功能；关键词添加收藏夹模块支持用户输入的关键词或系统检索结果推荐词和相关搜索，若用户认为其重要，则可以把这些词添加到收藏夹里，下次用户检索时直接在收藏夹里选择要检索的内容就可以实现检索；收藏夹内容导出模块支持用户定期整理收藏夹，收藏夹具备将收藏夹内容选择性导出的功能，供用户输出、保存。

本章参考文献

[1] 阳小珊,邱全伟,郑良,等. NAS存储系统性能测评方法研究[J]. 计算

机研究与发展,2012,49(S1):346-351.

[2] 刘巧园,肖希明.基于XML中间件的公共数字文化资源整合研究[J].图书情报知识,2015(05):82-88.DOI:10.13366/j.dik.2015.05.082.

[3] 冯建华,钱乾,廖雨果,等.纯XML数据库研究综述[J].计算机应用研究,2006(06):1-7.

[4] 陈晓伟.基于中间件和xml的分布式工作流数据交互模型[J].数字化用户,2013,19(04):46+49.

[5] 张文学,张海宏,连世新.基于检索表达式的大数据时代医学生信息检索思维与能力培养[J].西北医学教育,2016,24(04):514-518.

[6] 刘佳敏.异构学习资源库融合及跨库检索设计与实现[D].武汉:华中师范大学,2018.

[7] 郑诚,李清,刘福君.改进的VSM算法及其在FAQ中的应用[J].计算机工程,2012,38(17):201-204.

[8] 高强.基于向量空间的文本聚类算法[J].电子世界,2017(20):61-62.

[9] 杨虎.面向海量短文本去重技术的研究与实现[D].长沙:国防科学技术大学,2007.

[10] 张晓蓉.云存储中数据去重技术的研究[J].西安文理学院学报(自然科学版),2017,20(06):59-62.

第 5 章　政务知识管理应用服务

5.1　政务知识管理

5.1.1　知识管理

知识是人类通过实践对现实世界认知的信息。其来源于人类实践，并反作用于实践，对现实世界的工作行为具有指导意义。知识作为人类认知世界和改造世界的实践产物，可以经过现实的描述，依赖物质载体，实现流传、积累、交流、发展、开发和利用。在政府信息资源领域，结构化的政府信息同样属于知识的范畴，其内容主要包括人口信息、经济信息和工业信息等日常政府工作相关的信息。和其他知识系统不同的是，政府信息资源具有多元性、多类型、时效性、数据量大、信息分布离散等特征。所以，政府信息需要利用基于结构化技术的信息处理手段，丰富民众可理解的、精简凝练的信息表达方式，完成结构化信息向知识的转化。因此，在信息知识转化过程中，要引入知识管理的概念。

知识管理最早用于企业管理，是知识经济时代的一种新型管理思想与方法，它融合了现代信息技术、知识经济理论、政府管理思想和现代管理理念，是现代主流商业管理课程中的必修课。因此，在政府管理领域，知识管理的定义为：在组织中构建一个量化与质化的知识系统，让组织中的资讯与知识通过获得、创造、分享、整合、记录、存取、更新、创新等过程，不断地回馈到知识系统内，形成永不间断地累积个人与组织的知识，成为组织智慧的循环，在政府组织中成为管理与应用的智慧资本，有助于政府做出正确的决策，以适应市场的变迁。概括为一句话：知识管理是对知识内容、知识创造过程和知识的应用进行规划和管理的活动。知识管理并不局限于政府管理领域，在所有组织管理方面同样适用。

在知识管理体系组织上，其包括职责、权限和相互关系得到安排的一组人员及设施。在管理的知识性质上，其又分为显性知识（结构化展示的文字、符号、图形）和隐性知识（人脑存储的认知）。为解决数据多元、多类型带来的问题，要利用知识分类方法，根据知识管理的需要和标准，通过比较，把人类的全部知识按照相同、相异、相关等属性划分成为不同类别的知识体系，以此显示其在知识整体中的应有位置和相互关系。在知识管理过程中，要体现以人为本的管理思想，并在管理内容上重视知识资产的积累、创造和应用，形成知识平台，研究隐性知识向显性知识转换的方法。因此，实施知识管理的组织不仅可以提高组织的行政效率和水平，还可以积累丰富的工作经验，减少重复劳动。

5.1.2 政务知识管理进展

伴随着我国社会经济的快速发展，为应对今后政府工作中可能遇到的管理问题，在企业知识管理的基础之上，政府信息资源方面的知识管理应运而生。政务知识管理是指政府在日益加剧的非连续性、高度不确定性和未来不可预测性的环境下，为适应新的管理形势和职能变化的需要，在电子政务的基础上充分利用知识网络系统，畅通无阻地进行知识收集、组织、运用，不断地创新知识，并将新知识高效地应用于政府在各个领域的管理活动。

在国外，有关政务知识管理的研究大约于 2000 年开始。在政务知识管理的必要性方面，Wiig K. M（2002）[1]将知识管理理念引入政府工作当中，并从"知识库构建""公众参与""团队管理"和"服务决策"这四个方面探讨政务知识管理和数字政府建设的关系与作用。因为数字政府建设需要信息技术与网络系统支持，而政务知识管理则是基于计算机技术的良好的知识信息组织手段，所以利用该手段可以有效地将原始的政务数据电子化管理和网络化传播，同时实现政府扁平化组织管理，提高政府服务决策的科学性。Liebowitz J[2]等（2003）研究指出了在政府内部的人力资本管理中，知识管理所发挥的重大作用，以"人"为中心，以知识资源为基础，以技术为手段，以知识创新为目标，是知识、技术、人、管理的有效统一。它要求把知识、技术、人、管理过程密切联系起来，形成知识网络，系统化、组织化地识别、获取、开发、存储、交流、使用政府知识，实现知识共享和知识创新，并使传统的政府组织结构发生变化，以应对连续性变化的环境。Xiaoming cong[3]等（2003）在政府工作事务中强调知识管理的必要性，要实现对政府知识本身的管理，即对知识的收集、加工、存储、传播、应用、创新的管理。其中还包括与知识有关的各种有形资产和无形资源的管理，涉及组织结构、知识设施、知识活动、国家公务人员、文化氛围、规章制度等全方位和全过程的管理。通过上述措施实现政务信息的有效利用和共享，使之有利于促成政府的高效率办公。在政务管理模型的研究方面，D. C. Misra、Rama Hariharan[4]等（2003）根据当时政务服务的知识管理需求，提出了以过程、人员、技术和管理四个维度为基础的 PPTM 政务知识管理模型框架，并在实现指政府部门内部的知识管理的同时，辅助政府部门内部和与政府相关的外部的知识管理。Zamira Dzhusupova 和 Ade 政府部门 oyega Ojo[5]等（2010）认为知识管理是制定有效数字政府战略的重要一步，是为政策制定者和决策者提供重要的知识的管理。特别是对发展中国家来说，必须分析现有环境条件、机遇和挑战，确保由此产生的电子政务战略现实性和可行性，同时支持公共行政改革以支持可持续发展议程。Fourie[6]（2010）围绕知识管理的相关理论是否适用于当前的电子政务建设中这一议题进行深入研究，分析了运用知识管理的方法去挖掘和管理电子政务中显性知识和隐性知识。

在国内，汪大海[7]（1991）是较早一批研究政务知识管理的专家学者，他提出一种集体知识共享机制，提高组织的创造力和服务能力。高晚欣、李冰[8]（2012）从层次、流程、对象、要素、范围耦合的视角提出了宏观、中观、微观三个层面政务知识管理模型，并指出三个层面政务知识管理之间存在着知识与价值的双重流转互动的关系。三者相辅相成、互相促进，最终实现价值创新。宏观层次的政务知识管理是一种战略性管理，是由中央国家机关部门运用经济、法律、技术和必要的行政手段加以实施，主要任务是从总量和总体结构上组织和协调政府知识资源的开发和利用。中观层次的政务知识管理是指某一地区政府或政府部门的知识管理，它是通过制定地区或行业性政策法规和管理条例，组织和协调本地区或部门的知识管理活动。微观层次的政务知识管理是基层的政务知识管理，由各级政府部门组织实施。主要任务是结合自身职能，了解知识需求，开发知识资源，以知识服务于本部门的各项职能活动。夏敏[9]等（2014）指出，当今社会发展迅速，仅凭行政管理人员的个人业务能力难以处理生活中的各种矛盾冲突和频繁的危机事件，政治决策存在缺乏科学性和及时性现象，以此需要知识管理技术对信息和知识充分把握、并借鉴以往经验，才能全面、严谨和科学决策，正确对待外部环境所带来的困难与挑战。常荔和谢森[10]（2015）认为跨部门之间的知识交流分享旨在通过信息和知识在不同部门之间流动传递，消除不同政策之间的矛盾和紧张，提高公共政策制定有效性；消除项目之间重复和矛盾；促进思想交流合作，产生更具创新性的工作方法和公共服务供给方法方式。这也是政务知识管理对促进政府效率提升的体现。贺磊[11]（2015）认为政府作为国家权力主体，是公共服务的提供者和管理者，从知识管理的视角进行研究，是对目前政府管理中的问题进行纠正，是对传统政府管理变革创新举措，是对服务型政府中由于政府管理问题而引发的服务问题有效的解决方式。因此，通过运用政务知识管理改善政府的管理，进而提高政府执政能力、服务能力、管理能力，以推动服务型政府建设进程。徐莲[12]（2017）认为政府部门将政务知识管理引入其中，帮助推动构建知识型管理服务团队，改进行政服务水平，提高行政服务水平。借助知识管理所梳理出来的信息，能够让政府以正确的方法对待处理科学信息，促进各政府部门间的有效连通。

5.1.3 政务知识管理优势

政务知识管理是关于政府知识资源的管理，主要内容有运用知识管理的理论与方法通过知识的生产、收集、传递与利用，形成政府知识资源；实现政府知识共享，提高政府管理能力和管理水平；完善政府人力资源的知识化、提高公务员的知识素养和创新能力，并形成政府的集体智慧，实现制度创新和管理创新；建立知识型政府，在电子政务、电子政府的基础上，促进管理的知识化、服务的知识化，形成可持续发展的知识服务体系。现阶段，政务信息资源管理的技术呈现新旧交替的趋势。由于互联网的快速发展，社会信息化水平不断提高，政府需要摈弃传统的高度依赖管理人员自身处理事务的行政办公方式，采用类似于知识管理等先进的信息管理技术方案，来实现服务性政府的构建，推动科学决策和精准施政。

在传统的政务数据管理中，由于政出多头、分管不明，各部门之间、上下级之间的孤立信息资源较多，相互的信息交流较少，很难梳理出各类信息之间的关系，从而导致众多政务原始信息有效整合较少。一般情况下，各级各部门的政府单位在日常工作积累的行政事务资料是十分贵重的资产，其中还涉及大量隐私及保密信息，在使用权限上有着严格的管理要求，所以出于行政安全的考虑，在部门、上下级之间，若需相互获取信息，就必须进行层层协调与审批，政务数据资料的流通利用效率较低。其中，在无信息化手段的情况下，数据的管理与使用遇到的困难更是层出不穷，例如纸质档案的存储、传输与应用，政府单位必须具有完善的档案管理设施与归档管理人员，维护的成本较高；在文件传输过程中，在严格的管理要求之上，还存在较长的运输时间的问题；在政务办事中，文件的解读认知完全凭依行政工作人员的业务能力，很难实现有效的信息检索与精准政务服务。伴随着互联网技术的发展，政务数据的也迎来电子化与数字化的发展，促进了政务服务的信息化转型，但是其仍然存在知识化管理方面的问题，即如何有效识别提取各类政府文件中的有效信息，帮助行政工作人员快速认知并精准服务。特别是信息文件的分类、检索、挖掘，根据已知的政务数据中提取数据标签，完善多元的信息归类，并依据已有的标签信息实现各类文件的检索，提高信息使用效率，通过建立标签关联，实现政务资源的深度挖掘。这些技术的实现仍可以进一步完善。

综上所述，在电子政务服务领域，政务知识管理作为一种政务信息资源整合的手段具有管理上的优势。政府部门可在充分利用当下互联网技术的基础上，运用知识管理的先进方法，构建政府自上至下的一体化知识库体系，实现政务工作中的知识积累、共享、创新，完善数字政务的全流程管理，辅助政府科学决策、智慧施政。因此，政务知识管理具有以下优势。

（1）在政务服务方面，积极引入知识管理技术，能有效打破信息孤岛，消除数据壁垒；更能深入挖掘隐藏在政务信息中的内部价值，发现各信息之间的关系，实现知识信息共享建设。

（2）有助于服务职能的拓展。政务知识管理以知识为核心，是政府适应现代快速发展信息化社会的需要,而电子政务有别于传统政务,实现了24小时办公,不受时间、地点的影响和约束,可以合理、有效配置社会资源,从而有利于服务职能的拓展。

(3)有助于开放透明政府的建立。政务知识管理一个最重要的特点就是知识和信息的分享,这与建立"公开、透明的政府"的要求是一致的,唯有如此,公众的需求才能得以满足,政府的公信力才能得以提升。

(4)有助于政府诸多因素的无缝对接。政务知识管理是对知识和信息进行系统化、规范化的管理与整合,实现知识共享创新。政府和公众的无缝发展是电子政务发展的主要方向。

5.2 政务知识管理架构

政府知识管理须基于现有的互联网技术,利用中文分词处理、主题信息抽取、自动语义分类、知识自动关联等关键技术对非结构化的政务信息进行结构化处理,实现多源数据统一整合管理、语义关联构建、知识深度检索等服务功能支撑,形成以资源展示、知识检索、知识导航等满足工作人员与用户需求的应用服务模块,有效为政府系统中各个单位提供政务资源技术支持。综上,知识组织管理架构主要包括基础网络层、核心数据层、功能支撑层、应用服务层等四个系统功能层,详细情况如图5-1所示。

1. 基础网络层

基础网络层是知识管理工具的软、硬件底层资源,其建立与政府部门资源中各个系统之间的网络关系,是实现服务器端与计算机终端之间数据透明传送的基本要素,具体功能包括寻址和路由选择、连接的建立、保持

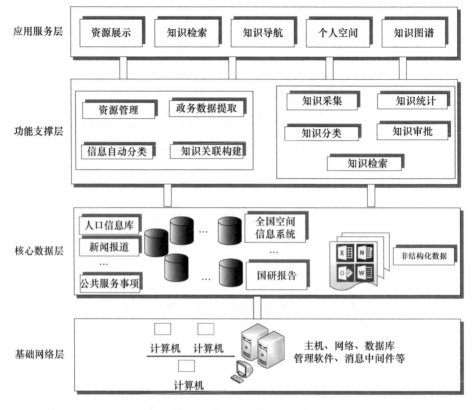

图 5-1　知识组织管理架构

和终止等，能够提供的服务是数据传送不需要了解网络中的数据传输和交换技术。基础网络层由若干个网络节点按照任意的拓扑结构相互连接而成，从逻辑上来讲，各网络节点之间是互联互通的；但从物理上来讲，各网络节点可能分布在不同地点和区域。

2. 核心数据层

数据资源层是知识管理工具的数据基础，是保障知识管理工具能够有效运行的基础资源。数据资源可分为结构化知识和非结构化知识两大类，主要包括政府部门现有各个系统的原始数据资源、为了实现知识管理而由专家构建的知识管理依赖的领域知识以及通过知识管理而形成的新的数据成果资源三个部分。其中，政府部门系统的原始数据资源又可分为人口信息库、文件信息库、新闻报道、国研报告等系统资源；专家领域知识可分为知识分类指标体系、分类目录、分类词典等相关知识；知识管理形成的成果资源主要包括知识关联资源、知识地图等知识产品。

3. 功能支撑层

功能支撑层是用来有效连接数据资源层与应用服务层的核心操作要素，主要用于对数据资源进行知识提取、快速搜索、特征分类及语义分析等，是实现原系统数据、整合后的数据以及知识管理基础数据三种数据之间的知识关联与操作的功能。因此，功能支撑层主要包括资源管理、政务数据提取、信息自动分类、知识关联构建等各个主要模块，可细分为：知识采集、知识统计、知识分类、知识审批等功能。

4. 应用服务层

应用服务层是通过构建各类数据资源之间的语义关联，提供数据整合、关联检索、语义分析、知识地图与智能推荐等相关的服务接口，实现系统资源的知识化管理。因此，应用服务层主要包括资源展示、知识检索、知识导航、个人空间、知识图谱等各种与知识管理应用相关的服务接口和专题产品。

5.3 政务知识管理流程

为更好地实现政务信息资源整合过程中知识管理应用服务，需对知识管理的流程进行设计。知识管理工具是对现有知识资源更好管理与应用的模块，是建立在现有资源之上，利用专家知识建立各种知识之间的内在联系，实现资源整合、搜索与管理。因此，其业务流程可设计为（如图 5-2 所示）：首先，通过对现有业务系统各种资源数据的积累、学习、分类与关联，构建资源分类树与指标体系表达的知识库；然后，利用知识库中知识间的语义关联关系，实现辅助和提高全文检索与知识发现性能，并且支持资源关联的延伸阅读和知识地图展示。

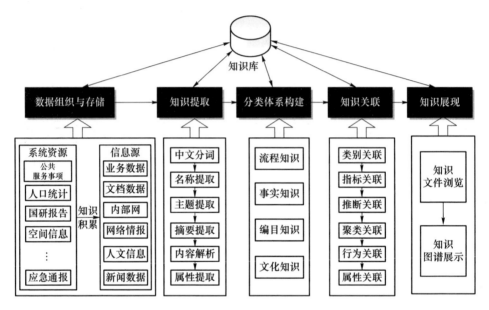

图 5-2　知识管理流程图

5.3.1　数据组织与存储结构

因为政务数据来源众多且数据量大，所以需要对上述数据信息进行知识积累，形成较为通用的信息源，构建知识组织与存储数据资源的中文分词表、主题词汇表、热点词汇表、分类体系表、文档实体表以及它们之间的关联关系表等，完善数据间的联系，为接下来的知识提取与分类体系构建奠定基础。

在系统资源中，有公共服务、国研报告、应急通报等文本类信息，属于非结构化数据，在利用过程中难度较大，且用户的阅读理解效率低。为更好地实现数据的组织与存储，这里主要介绍知识存储模型和分类体系数据模型，以实现政务知识信息的来源、类别、内容以及相互间的关系等重要知识的存储与利用。

1. 知识存储模型结构

知识存储结构模型是基于数据来源的原始结构和自然语言处理技术解读的内容构建的，主要目的是实现原始政务数据的初步理解，并获取各数据源的标题、作者、摘要、关键词等结构化信息。因此，此处通过介绍知识实体模型满足上述需求。如图 5-3 所示。

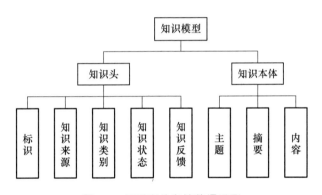

图 5-3 知识实体存储数据模型

知识实体模型主要包括知识头和知识本体两部分。

1）知识头

知识头是知识模型的简短介绍，可在未知知识内部信息的情况下通览该数据，具体内容包括标识、知识来源、知识类别、知识状态、知识反馈等。知识头是辅助知识使用者快速定位所需信息的特殊设计的数据结构，该结构是一般知识模型共有特点的集合，启用知识头是对现有知识模型梳理的过程，具有一定的代表性。

知识头的具体介绍如下：标识是依据存储序列或特殊结构编码的字符

组合，用于识别该知识实体的唯一的标示。一般情况下，各知识模型的标识编码是根据各信息实体在数据库中存储的顺序进行排列编码的，采用"先进序列在前"原则，即先记入知识模型编号在前。知识来源是记录该知识的原始信息来源，例如某一网站系统中栏目名等，知识来源具有唯一性，任何信息的入库都是对已有数据的记录。知识类别是知识实体所属的知识分类，用于记录知识类别的名称或标识。其获取一般是通过知识模型标题的关键词以及摘要内容中利用自然语言处理得来，并通过机器学习将信息归置到有效分类。知识状态则是记录该知识实体的状态或级别等标示，例如保密级别、发布状态等。知识反馈则是作为知识评价的记录字段，简单评价数据的可靠性。

2）知识本体

知识本体则是知识模型的全部内容，主要包括主题、摘要、内容。与知识头不同的是，知识本体记录着知识模型的所有核心信息，可满足用户对该数据的整体阅读与查询，实现知识信息全覆盖。其中，主题是知识的主题类型，若数据来源有此信息，则直接入库使用；若无数据，则对全文进行分词处理，统计高频关键词，抽取主题相关内容，得到主题类型。摘要则是知识简要摘要记录，同知识主题，若有则沿用，若无则通过对句子语义进行分析，获取文章中关键程度较高的前列语句整合为摘要信息。内容则是知识实例的详细内容记录，即知识全文。

2. 知识分类体系数据模型

知识分类体系模型主要是基于知识存储结构模型之上，实现信息的进一步解读。即根据各信息资源不同的类别内容进行细化，并进行类别的关联，完善数据的管理存储。综上，这里介绍的分类模型主要包括分类内容信息与类别关联信息。如图 5-4 所示。

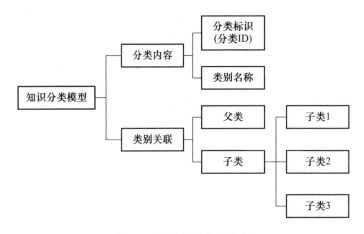

图 5-4　分类体系数据结构

分类内容主要分为分类标识和类别名称。标识即分类 ID，是分类内容的唯一标识，编号以便管理；类别名称则是分类的全称，用于描述分类的内容。类别关联则是对上述分类内容的联系具象化，以树状结构进行关联管理，其中主要包括父类和子类。父类是唯一的一个，而子类则可以由多个。父类为其他子类的中心存在，如某分类内容可以引出其他类别内容，则该分类所属父类节点。子类是父类的细化，突出其特殊性，若有某节点属于分类内容中的某一具体方向，则该分类属于子类节点。

5.3.2　知识提取

知识提取是从数据资源中提取知识的过程。首先，使用基础中文分词实现对政务信息数据的切分；然后，使用名称提取、主题特征抽取、摘要自动提取等使计算机"理解"文本信息，在利用内容解析与提取的基础之上，实现文本的自动解读；最后，利用空间属性提取与分析，赋予政务信息空间属性，帮助用户获取其空间认知。接下来，将分别对中文分词、名称提取、主题提取、摘要自动提取、内容解析与提取、空间属性提取与分析等重要过程进行介绍。如图 5-5 所示。

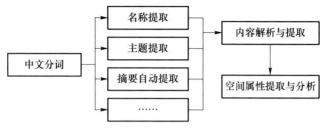

图 5-5　知识提取流程

这里介绍的分词方式是根据目前政府系统中采用的全文检索方式，应用基于字符串匹配的分词方法，即按照一定的策略将待分析的汉字串与一个"充分大的"机器词典中的词条进行配，若在词典中找到某个字符串，则匹配成功（识别出一个词）。按照扫描方向的不同，串匹配分词方法可以分为正向匹配和逆向匹配；按照不同长度优先匹配的情况，其可以分为最大（最长）匹配和最小（最短）匹配。

名称提取是根据知识库中专家构建的知识本体与名称短语词库等相关数据资源，利用中文分词、词性标注及名称匹配等相关技术，实现面向文本的专题名称的识别与提取。

主题提取是通过构建主题的指标体系，利用机器自动学习机制，从大量的主题样本中自动学习、丰富和完善主题词库，形成以主题为对象的主题分类空间特征向量。然后通过从数据实体中提取空间特征向量，并利用与主题分类空间特征向量进行相似度计算，最终实现文本主题的自动提取。

摘要自动提取是在基础中文切分与词性标注的基础上，通过全文信息的特征提取，快速形成与全文主题相关的信息摘要快照，使得能够通过摘要信息表达出全文的主题意思。在自动摘要的生成中，主要将相关度高的句子进行整合处理。

内容解析与提取是通过对文本内容的解析，从文本内容中提取特征信息从而构建特征空间向量，便于文本的自动分类和聚类分析。

空间属性提取与分析是从与空间相关的文本中自动提取地名地址、空间坐标、空间拓扑关系等相关的空间特征属性。

5.3.3 分类体系构建

通过对政务数据的有效组织与存储，政务知识在知识提取技术的基础之上不断地积累和丰富。为了更好地管理已有的知识，以及对新知识进行整理归类，需要根据知识的内容特征进行知识分类。知识分类体系构建主要是为了紧密结合政府已有的资源系统，充分利用各个栏目的分类框架，建立多维度、多部门统一的知识分类，并对分类树中的各个分类节点建立关键字词典，同时建立类别、关键词等之间的一系列关联关系。因此，根据系统设计的需要，针对现有政府系统的信息分类栏目，采用以现有信息基本分类栏目为基础，通过专业知识专家顾问，构建政府各系统中知识的完整分类体系，建立起各个原有独立系统信息之间的分类关系，为统一、有序地管理信息资源以及灵活、即时地面向用户构建相关知识模块提供有效保障。为了对数据资源进行有效分类，可将知识进行类型划分，主要包括以下四种类型。

1. 流程知识

流程知识可以简单地认为是"如何将工作做好"的知识，是日常事务工作的总结的经验。这种知识通常通过基准管理和最佳实践这两种管理活动取得。这种知识有利于政府优化流程和提高效率。

2. 事实知识

事实知识是存在于人脑中的关于人和事的基本知识。这种知识容易被文档化，且如果不对这类知识进行综合，其附加值将会很低。

3. 编目知识

拥有编目知识的人知道事物在何处。在政府中，编目知识通常被分类整理成为"黄页"，专业技能目录便是这种知识的其中一种。虽然许多的编目知识可以编辑成"黄页"，但在现代社会中，政府组织的高速变化致使更多的编目知识存在于个人的知识中，而不是"黄页"中。

4. 文化知识

文化知识包括了一个具体的任务如何在特定的组织中完成的知识，这是政府无价的财产。虽然文化知识和编目知识是组织小型化过程中最难处理的两个方面，但是它们却很重要。如果没有这两种编码化知识，政府必须重新学习各种无形的制度和规范，这样会使政府的效率大大降低。

5.3.4 知识关联

在通过知识提取获得丰富的政务知识后，会存在大量有关联甚至相同的信息。因此，我们要采用知识关联技术来挖掘其中的联系。知识关联是知识与知识之间通过某一中介为纽带，所建立起来的具备参考价值的关联关系。其不仅实现了知识文档与知识文档、流程之间的关联，而且系统还提供了知识支撑和专家关联等功能。通过知识支撑实现文档与相关案例、相关公文、相关制度的动态关联。我们既可以预先设定关联条件及搜索范围，也可以指定相应的关联文档。通过专家关联，将人、知识、专家有机的关联起来。专家关联支持按照领域、头衔、指定的专家等几种关联方式。在本书介绍的知识关联技术中，主要包括类别关联、关键词关联、推断关联、聚类关联、行为关联和属性关联。

政务知识管理应用服务 第 5 章

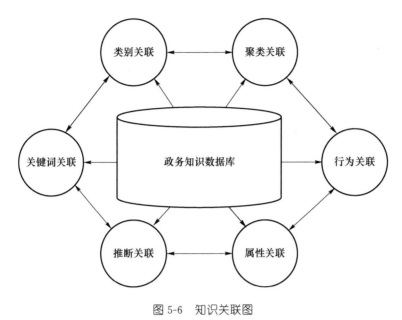

图 5-6 知识关联图

1. 类别关联

此关联是最为常见的一种关联方式，属于同一个知识分类中的知识之间的关联。即与该知识在同一分类中的其他知识，会被作为相关知识被呈现出现。

2. 关键词关联

此关联指以知识内容中的关键词作为关联纽带，有相同关键词的知识进入关联体系中。知识发布时，填写或自动提取关键词，知识库中与该关键词相同的知识会被提取出来作为关键词关联结果呈现给用户参考。

3. 推断关联

此关联以一个问题为核心，将解决该问题的知识层层推理出来。推断关联是系统通过人工建立知识与知识之间的关联关系。这种关联以问题为核心，解决问题的思路为延展，由一个问题关联多个解决方案，每个解决方案下面又可延展出相关知识，其相关模式类似于医生为病人选择诊断方案，这种推理诊断模式是精准、有效的"最佳实践"表达方式。

4. 聚类关联

通过对定量知识的分析，聚类出该知识中相关性较强的内容。举个例子，当我们在研究"南极"的知识内容中，可以聚类出"企鹅、气候变暖、冰层融化"等相关性很高的内容。

5. 行为关联

通过对知识使用者的行为进行分析，发现这些行为之间的关联性、连续性，从而推理出用户所进行这些行为是运用知识间的关联性。例如用户搜索"信用卡"，搜索引擎往往会推荐"信用卡申办；信用卡还款；信用卡……"等其他用户关联行为时所运用的知识。

6. 属性关联

通过知识与知识间同一个属性作为中介，将知识关联起来。如同一个作者、同一个部门、同一个来源、同一个使用群体等。当然，我们可以综合运用这些属性，以获取范围更小的关联结果。

5.3.5 知识展现

知识展现是对上述处理信息可视化展示的结果，基于分类体系、知识提取、知识关联等过程完成对信息的梳理，满足用户对政务知识的直观了解。由此，知识展现的重要目的是使用户更加快速、方便的获取政务信息，这也是前述步骤的价值所在。知识展现包括知识文件浏览、知识图谱展示等主要技术。

1. 知识文件浏览

通过知识平台，用户可以从不同的角度对知识进行浏览，可以通过知识类别、多种查询方式、关键字检索、组合条件查询等方式找到所需要的文档，打开文件（DOC、XLS、PPT、TXT、PDF、HTML、通用图像格式等）并直接浏览其内容。同时，用户可以从不同的角度进行授权浏览，包括以类别、部门、作者、时间、状态等方式检索到所需文档，支持常用格式文件的直接在线浏览和授权下载、打印、拷贝，并提供授权下载知识的功能，有权限下载的用户可以将当前浏览的知识附件另存到本地。

2. 知识图谱

知识图谱主要是通过图谱的方式将各种知识分类、知识实例、知识关联等相关知识展示出来，主要满足以下四个方面的功能需求。一是构建导航图，指示知识资源的位置。如将物价中包含的知识与各个相关物价的成分及位置制作成图谱，让用户能够很好地了解并组合相关内容。二是揭示关系，知识节点之间以及节点与人或特定事件之间的关系，通过揭示知识之间的关系，实现知识的提取和共享，如事件知识图谱可以是对人、场所、事进行关联，并形成索引。三是识别不同系统的知识资源。知识图谱通过获取、整合现有系统中的知识，扩展自身能力。用户可以利用知识图谱有关信息的自动抓取和知识图谱的生成进行检索；四是列知识资产清单。知识图谱可以作为一种评估知识现状，展示可以利用资源，发现需要填补空白的工具。

5.4 政务知识管理功能

5.4.1 政务知识库管理服务

1. 政务知识库底层功能模块

除了政务知识管理流程的知识展现外,其他流程皆需要在后台完成。综上,知识管理底层的模块组件主要包括:知识资源管理、政务数据提取、信息自动分类、知识关联构建等四大功能模块。具体的组件如图 5-7 所示。

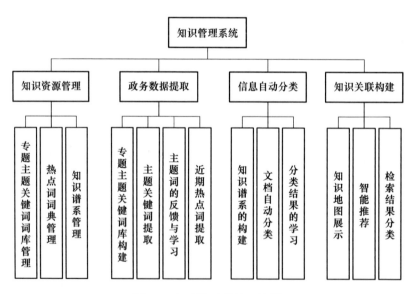

图 5-7 知识管理组件模块图

1) 知识资源管理

知识资源管理模块用于对知识管理组件中各种数据资源进行管理、更新与维护，主要包括专题主题关键词词库管理、近期热点词词典管理、知识谱系管理等子模块。专题主题关键词词库主要对应展示层的知识节点，将高频的主题关键词进一步总结，形成具有专题信息的知识节点。热点词词典则是代表描述层（本体层），主要为领域本体，是属于数据资源的一种降维总结，获取资源层如知识库、数据库、网页、文档等信息特征。知识谱系则是指资源层与描述层之间的知识链接关系，深度挖掘各类多源信息之间的联系，形成高效的数据资源共享网络（如图5-8所示）。

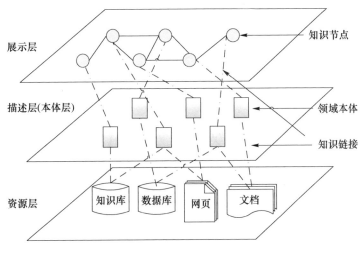

图5-8 知识资源管理层次图

（1）专题主题关键词词库管理。通过系统运行及专题主题关键词的自我学习，管理人员需要根据应用要求，增加或更改不同的主题类别及主题关键词的词汇。因此，针对专题主题关键词的词库，需要实现对词库条目的增加、删除、更新等管理维护的操作模块。

（2）热点词词典管理。针对近期热点词汇形成的热点词汇词典，管理人员能够根据互联网最近关注的热点事件，对词典中热点词条目进行增加、删除、更新等管理维护操作，实现对热点词汇的统一管理和持续更新功能。

（3）知识谱系管理。针对知识谱系知识分类中各分类节点信息的管理，构建知识谱系界面管理工具,使得管理员根据不同专家、用户的反馈意见通过知识谱系管理工具,实现对知识谱系中个知识类别的增加、删除、更新等管理维护操作。

2) 政务数据提取

政务数据提取模块作为知识管理系统中功能实现模块之一,为数据整合系统、统一语义检索系统提供相应的主题知识支持。政务数据提取模块主要包括专题主题关键词库的构建、主题关键词提取、主题词的反馈与学习、热点词提取等功能模块。

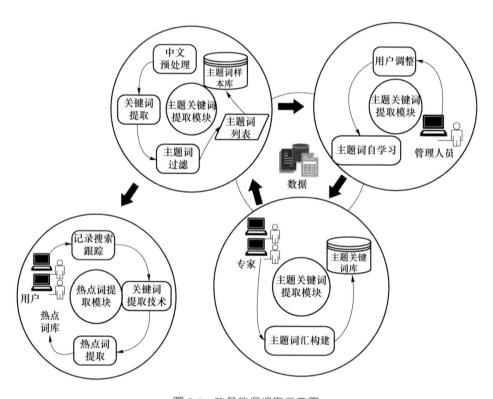

图 5-9 政务数据提取示意图

(1)专题主题关键词库构建。根据不同专题的主题、内容及指标等特征属性,通过各个领域专家或互联网搜索关键字的排序等方法,针对政府常用的主题信息内容,搜集和整理主题相关的关键词汇,构建各个专题主题的关键词库，如空间信息专题关键词库、经济信息专题关键词库等。

（2）主题关键词提取。基于中文处理技术、词频词汇提取技术、关键词提取技术等关键技术，研究文本信息的关键字提取算法，充分利用文本分析、语义相似度计算等方法，实现对各专题文本进行摘要及关键字提取。同时，将该文档归类到相应的主题类别下，并结合主题关键词库中主题关键词的特征，过滤和提炼该主题相关的重要关键词。

（3）主题词的反馈和学习。根据主题关键词提取模块的结果，并针对用户对结果的满意程度及充分利用用户自身检索的主题关键词，自动形成主题词的样本示例库，通过主题关键词样本库的测试，设计相应的主题词库更新算法，对主题词库中各主题词条目进行重新增加或修改，从而实现及时修正和补充各专题主题的特征关键词，完善专题主题的关键词库，提高主题关键词提取的准确率。

（4）近期热点词提取。通过记录登录用户的搜索痕迹，阶段性地统计近期发布的新闻、报道等热点事件及用户检索的热点词汇与资料等信息，返回某段时间内系统的热点词汇，形成该时间段内的系统热点词汇集合，构建相应的热点词汇库。

3）信息自动分类

信息自动分类模块作为知识管理系统中功能实现模块之一，为数据整合系统、统一语义检索系统提供相应的文档归类与聚类等功能支持。自动分类模块主要包括：知识谱系的构建、文档自动分类、分类结果的自学习等功能模块。

（1）知识谱系的构建。根据整合与梳理的政府部门现有各个系统的栏目、目录等信息，利用目录组件中构建的各类型的指标因子，设计知识分类体系构建模块，实现各栏目类型之间的语义关联及每个分类类别与其设计的语义因子的动态关联，完成政府部门整合系统后的平台统一的知识分类体系的构建。

(2)文档自动归类。自动提取文档信息中主题类型、内容特征、主体/客体对象等关键属性信息,设计综合的文本语义相似度计算方法,实现基于各部分不同权重动态设计的文档自定分类,使得文档能够自动归类到按照事先划分好的知识分类体系中的各个分类节点/栏目中。而针对无法归类的文档,则根据文本聚类方法,对这些文档集进行自动聚类,从而实现多源、多维文档知识的归类整理。

(3)分类结果的自学习。根据自动分类结果,用户可以修改分类或者是对分类结果进行评价,使得能够通过人工对自动分类结果进行修改和校正,自动形成各类别的文档分类样本库,然后利用已有分类样本集合,对文档归类算法进行自我学习和阈值调整,提高文档归类的正确率。

4)知识关联构建

知识关联构建模块作为知识管理系统中功能实现模块之一,为检索结果显示和知识地图展示提供相应的知识关联与分类关联等功能支持。知识关联模块主要包括知识地图展示、智能推荐、检索结果分类显示等功能模块。

(1)知识地图展示。根据知识库中各类别知识的相互关联和文档实例归类集合,利用图形化界面表达方式,针对知识分类/栏目之间的包含、相关等关联关系以树状/图状的图形化方式进行结构关联,使得用户能够根据自己需要查看相关文档所属的类别及与此类别相关的其他相关知识。

(2)智能推荐。根据用户日常查询和关注信息类型及某段时间内搜索的相关文档,利用知识库中不同知识类别之间的关联关系,对用户可能感兴趣的其他相关分类进行智能推荐,使得用户在查询某类信息的同时,能够随时查看其相关的信息内容,实现面向用户的知识智能化的有效应用。

(3)检索结果分类。利用知识库中知识分类体系的关联关系,根据系统默认/用户自身设定显示模式和排序方式,针对用户搜索的结果,按照用户感兴趣的知识分类/栏目的程度,进行有序的排列和显示,实现信息结果的分类、模块等方式的友好显示。

2. 政务知识库操作功能

政务知识库操作功能模块主要是基于底层功能模块设计出来的，以方便政府工作人员使用界面化的操作来控制政务知识库系统的运行，省去非计算机专业人员操作困难的问题。政务知识库的操作功能模块主要帮助政府工作人员进行必要的信息采集与管理，使满足审批条件的知识信息录入系统。在此基础上，对丰富多源的知识信息进行分类管理，形成具有专业价值的知识库。设计知识检索模块，满足用户对相关信息的检索需求，并对检索的内容进行统计管理，找出知识应用的热点领域。最后，还需设计系统的管理与维护功能，实现系统运行的稳定性。在其中，本书主要介绍知识采集管理、知识审批管理、知识分类管理、知识检索管理和知识统计管理五个重点操作功能。

1）知识采集管理

系统提供知识条目与文档的直观绑定，用户可以随时捕获信息，并随时加入知识库中；支持关联的信息可以是文本、网页、邮件等各类信息形式。系统提供了对粘贴信息的本地编辑功能，包括案例库管理、政务服务事项管理。

2）知识审批管理

用户在录入条目内容后，系统需要提供对该知识条目的审核功能。对于未审核的条目，系统提供查看详细内容、审核功能。其中，知识审核主要包括批量审核、批量审核通过、批量审核不通过、单条知识条目审核、审核通过和审核不通过六个功能。对于已审核的条目，系统提供查看详细内容、修改功能。

3）知识分类管理

知识分类需要简单、快捷的创建，用户进行自定义维护。支持添加分类、编辑分类、删除分类、移动分类、分类排序等多种分类操作，能够快速地建立起知识结构体系。同时，充分考虑到知识分类体系维护的有效性，系统可以通过赋权的方式将分类维护的权限下放，让更了解业务的管理人员自行维护知识分类，以保证知识分类体系的合理性。

4）知识检索管理

知识检索管理，对知识发布时所带的附件进行全文搜索，可以实现搜索附件名称和附件内容的功能，支持常见的 Office 文档、PDF 等图文处理文档格式，并实现附件的 html 格式快照，打开快照可以预览附件的内容，可以大大提高搜索效率和搜索范围。

5）知识统计管理

知识统计主要实现对系统内部知识资源体量的梳理与量化，实现对知识库的综合管理。因此，系统需要提供多个统计报表功能，从多个视角、多种指标输出统计报表，以满足用户对报表系统的需求。

5.4.2 政务知识应用服务

1. 政务服务知识检索门户

政务服务知识检索门户主要用于整个系统页面的展示，同时保证用户能够方便、快速发现需求信息的基本功能模块，该模块主要包括政务服务知识检索框、热点项目查询、最新知识栏目和其他模块。如图 5-10 所示。

最新知识栏目主要展示事项、案例、政策法规等最新发布的政务信息内容。事项推送包括许可、给付、奖励、确认、裁决和其他类事项；处罚类事项、征收类事项；强制、检查类事项；公共服务类事项等近期发生的事宜；案例推送案例库中最新的案例；政策法规推送相关部门下发的最新通知。

政务知识管理应用服务 第 5 章

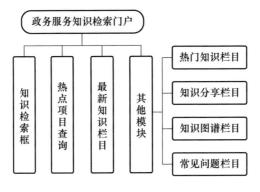

图 5-10 政务服务知识首页图

门户的其他模块包括热门知识栏目、知识分享栏目、知识图谱栏目、常见问题栏目。热门知识栏目需要根据检索情况展示点击率最高的以问答形式呈现的案例以及访问最多的相关通知。知识分享栏目需要展示我的记事本中经过管理员审核通过的相关内容。知识图谱栏目需要由政府政务服务为中心点建立关于政务服务、案例库、政策法规、标准规范和其他为分支关系的知识关系图。常见问题栏目需要根据检索结果分析检索最多的问题，并在首页展示出来。

2. 知识导航

知识导航是依据信息条目分类的结果进行标签化的导航，根据所需信息寻找相近关键词，在点击关键词后，出现大量相关信息列表清单。因此，为涵盖种类繁多的政府服务事项，本书构建的知识导航包括服务事项、案例库、政策法规、标准规范、最近更新以及展示用户所选择过的列表。其中，服务事项将事项按主题分类、按特定对象分类、按部门分类、按生命周期分类、按事项性质分类。如图 5-11 所示。

在服务事项、案例库、政策法规、标准规范这四个版块中，因为各版块之间的关键词具有一定的区别，所以针对各自版块需要，划定导航关键词，并将关键词的信息进行实时梳理，满足用户多元化的查询需求。其中，以服务事项为例，按主题分类可包括教育科研、设立变更、生育收养、户籍办理、住房保障等；按特定对象分类可包括高校毕业生、人才、老年人等。在案例库中，按主题分类则包括生育收养、户籍办理、教育科研、住房保障等，并且添加案例引用公开的导航选项，其包括引用、不予引用、公开等。

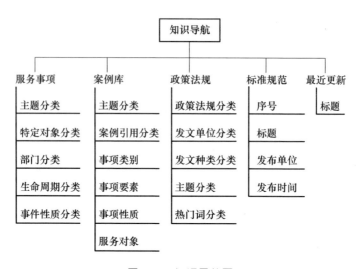

图 5-11　知识导航图

3. 个人空间

个人空间则是根据个体用户的需求进行操作事项的记录，实现知识的有效积累，在以往的工作经验基础之上提供实时知识反馈，同时支持查看他人的学习资料与案例，丰富自身的知识储备。如果用户本身也有较为典型的政务事务处理案例，可以通过该系统平台进行分享，帮助他人获取政务经验，在自我知识库建立的基础上，构建群体知识库。个人空间还应满足用户对一些行业专家的关注，并实时推送该用户可能感兴趣的内容。

综上所述，个人空间包括用户操作、事项列表以及知识推荐。如图 5-12 所示。

4. 知识图谱

知识图谱是以政府政务服务为中心扩展到案例库、案例库、政策法规、标准规范和其他为分支关系的知识关系图。依据政府发布的政务服务文件，使用中文分词对其内容进行切分，使用主题、名称等提取方法获取关键词库表，并通过知识关联工具构建图谱关系网络，展示结果。如图5-13所示。

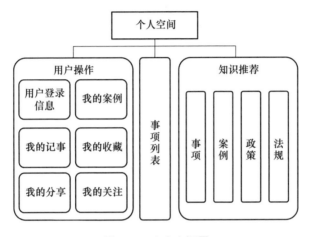

图 5-12 个人空间图

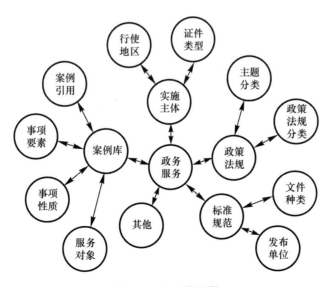

图 5-13 知识图谱图

5. 知识采集

知识采集是知识库录入的重点功能模块之一，其主要实现个体用户将所关注操作的政务案例进行导入，并且提供记事本记录所需信息。知识采集还可以将政务服务中遇到的问题统计并展示。

本章参考文献

[1] Wiig K. M.. Knowledge Management in Public Administration[J]. Journal of Knowledge Management,2002,6(3):224-239.

[2] Liebowitz J. Aggressively Pursuing Knowledge Management over 2 Years:a Case Study at a US Government Organization[J]. Knowledge Management Research & Practice,2003,1(2):69-76.

[3] Xiaoming Cong, Kaushik V. Pandya. Issues of Knowledge Public Sector. Academic Conference Limited 2003.

[4] D. C. Misra,Rama Hariharan, Manie Khaneja. E-knowledge management framework for government Organizations [J]. Information System Management,2003,Spring:38-48.

[5] Zamira Dzhusupova, Adegboyega Ojo. Methodology for E-GovernmentReadiness Assessment:Models,Instruments and Implementation[C]. New York：International Conference on Society and Information Technologies (ICSIT),2010.

[6] Fourie. Social and political implications of data mining: Knowledge management in e-government [J]. Online Information Review,2010, 34(1):194-195.

[7] 汪大海.政府知识管理的基本特征[J].管理现代化,1991:11-12.

[8] 高晚欣,李冰.政府知识管理的框架模型与运行机理研究[J].情报理论与实践,2012(3):23-27.

[9] 夏敏,索柏民.政府知识管理新论[M].北京:人民出版社,2014,7.

[10] 常荔,谢森.地方政府跨部门知识共享不足的成因与促进策略研究[J].湖北社会科学,2015(11):32-38.

[11] 贺磊.知识管理视角下服务型政府建设的问题与对策研究[D].沈阳:沈阳师范大学,2015.

[12] 徐莲.基于知识管理的政府服务职能建设研究[J].安阳师范学院学报,2017(5):78-80.

第6章 政务信息资源整合利用应用示范

6.1 省级政府领导决策支持应用服务

省级政府领导决策支持服务主要是针对省级政府领导决策需求和政务工作需要，整合办公厅、各厅局信息资源，构建领导关注的应用服务专题，并提供个性化及可视化辅助决策信息服务，增强信息的系统性、针对性和实效性，为领导决策提供全面、及时、有效的信息支撑，满足领导日常办公与应急决策的需要。

省级政府领导决策支持服务的应用能够有效提高政务服务能力，高效整合利用数据资源，用统一的标准、统一的格式整合不同来源、不同类型的数据与信息资源，形成统一数据信息资源库；深度挖掘数据资源，实现数据资源深度挖掘与综合分析，对信息资源进行知识化管理；构建主题化专题化应用服务，按经济社会领域分主题构建专题信息库，汇聚、加工省政府领导急需而现有信息系统中尚未生成的数据和热点信息，构建应用专题，实现可视化信息资源展示。

省级政府领导决策支持应用服务应该做到业务覆盖面广、数据量大且精确、响应速度快、可视化效果好等，进而为省级政府工作人员执行相关决策提供更好的服务。

6.1.1 省级政府领导决策支持应用服务建设

省级政府领导决策支持应用服务整合来自政府办公厅、发展和改革委员会、教育厅、科学技术厅、工业和信息化厅、公安厅、司法厅、财政厅、自然资源部、生态环境厅、水利厅、统计局、乡村振兴局等多个省级部门的经济、人口、地理、环境、交通、科技、企业、住房、教育等相关数据，从经济社会领域可构建以下专题：综合省情服务专题、经济监测预警服务专题、区域协同发展信息服务专题、农林牧渔信息服务专题、工业经济运行信息服务专题、国有企业运行情况服务专题、生态环保信息服务专题等。

1. 综合省情服务专题

综合省情服务专题从宏观角度反应区域国民经济和社会发展信息，包括自然地理、历史沿革、资源环境、基础设施、市县概况、政策法规等多个方面。综合省情服务专题基于地理信息实现全省自然、资源、人口、政区、产业的空间可视化以及信息查询、统计等服务，服务可集成工业和信息化厅、统计局、交通运输厅、国土厅、自然资源厅、生态环境厅等多个省级部门的地理信息数据、统计数据和文本数据。建设政区导航、产业分布与统计、人口数据、通信发展、国土情况、交通运输、对外交往、地名查询等栏目（如图6-1所示），并基于地理信息和可视化图表的展示方式对全省的政区、市场主体、人口、产业、国土、交通等情况进行展示。

2. 经济监测预警服务专题

经济监测预警服务专题可以提高宏观经济、财政管理的规范度与准确

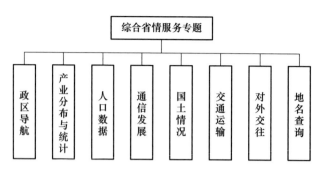

图 6-1 综合省情服务专题

性,为政府职能部门预测宏观经济、控制财政风险提供管理和决策依据。经济监测预警专题服务可以从经济监测、省级情况对比和经济预警等角度出发,对省级经济现状进行实时监测和及时预警(如图 6-2 所示),数据主要来源于国家信息中心。其中,经济监测主要用于对省级经济发展情况进行监测;省级情况对比可选取省级周边省份和较为发达省份的宏观经济指标,与省级做对比分析,分析区域协同发展影响,做好经济统筹规划;经济预警主要用于满足宏观经济管理的需要,探求经济周期波动规律。

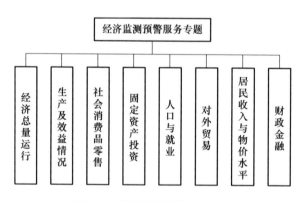

图 6-2 经济监测预警服务专题

3. 区域协同发展信息服务专题

区域协同发展是新时代国家重大战略之一,是贯彻新发展理念、建设现代化经济体系的重要组成部分。加强区域间合作,完善区域发展政策,推进基本公共服务均等化,逐步缩小各区域发展差距,把各地隐藏的优势和潜力充分发挥出来,推进高质量的区域协同发展,各取所长,补齐短板。区域协同发展信息服务专题针对区域发展不平衡的问题,提供政府领导决策服务,主要整合区域经济、产业、投资、消费、交通等方面的信息资源,从各地发展进程、协同发展政策、协同关联监测、信息服务共享等方面入手,整合区域协同数据,进行对比分析和发展监测(如图 6-3 所示)。

图 6-3　区域协同发展服务专题

4. 农林牧渔信息服务专题

推进农林牧渔现代化,离不开信息化的支撑。以经济效益为前提,逐步做强、做大农林牧渔服务业,为农业发展、农民致富和新农村建设发挥更大的作用,充分运用现代信息技术,服务农林牧渔发展。农林牧渔信息服务专题主要针对农业、林业、畜牧业和渔业的产量、产值、面积、增幅及全国位次等指标进行统计分析和可视化展示。整合农业农村厅、林业和草原局、统计局等厅局的信息资源,反应全省农林牧渔各指标的历年发展情况(如图 6-4 所示)。为政府在农林牧渔方面的职能转变、机制创新、综合服务能力提升等提供数据支撑。

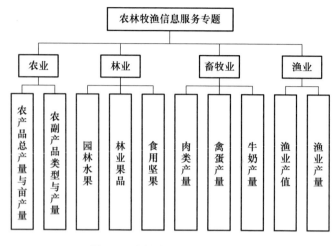

图 6-4 农林牧渔信息服务专题

5. 工业经济运行信息服务专题

工业是实体经济的主体,是财富之源、就业之本、发展之基。"十四五"时期,我们需根据发展条件与环境的变化,适时调整工业在国民经济中的定位,进一步明确发展任务和重点领域,培育、壮大工业竞争新优势,在更高水平上加快推进工业现代化。工业经济运行信息来源于统计局、财政厅、工业和信息化厅、市场监督管理局等部门,涉及产业产值、增加值、增长率、能耗、工业产品质量监督、行业事故、化解过剩产能等数据,进行工业经济运行信息整合与挖掘,能够监测工业及相关领域和龙头企业、重点企业等运行情况,及时掌握产业运行状况,针对产业运行中生产、价格、成本、效益等重点难点问题,为省级政府领导决策提供相关数据指标、数据分析及可视化展示,对产业链、供应链情况进行梳理,对工业经济运行形势进行短期和中长期预判,保障工业服务平稳运行(如图 6-5 所示)。

政务信息资源整合利用应用示范 第 6 章

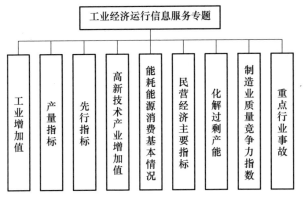

图 6-5 工业经济运行信息服务专题

6. 国有企业运行情况服务专题

国有企业作为经济的"顶梁柱",不仅为经济稳定发展提供必要支撑,而且也是壮大综合实力、保障人民共同利益的重要力量。国有企业运行情况服务可以有效推进国企改革,对国资国企进行信息化监管,为涉企服务事项网上办理提供基础保障。依托指标梳理、数据分级和可视化展示,支撑政府决策人员了解重点企业运行情况、财务情况及产权情况,如对省国资委的月度运行数据、年度财务数据和产权登记数据等的整合利用,可以从运行月度、财务类年度、产权登记数等角度(如图 6-6 所示),以数据可视化统计、联动查询等形式提供全省国有企业的运行情况服务。

7. 生态环保信息服务专题

"绿水青山就是金山银山",保护生态环境就是保护生产力,改善生态环境就是发展生产力,生态文明建设已经成为省级政府工作的重中之重。通过对省环保厅的每日空气质量、月度空气质量、每月 PM 2.5 浓度及任务完成情况、重点城市排名、水资源监测等数据的整合分析和数据挖掘(如图 6-7 所示),生态环保信息服务专题可对全省及各地市的空气质量、水资源各项指标进行统计分析和可视化展示。为省政府领导的政策制定、工作部署提供数据支撑，推进生态文明建设，实现可持续发展。

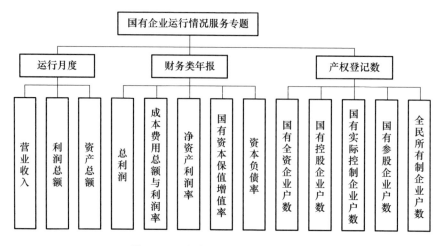

图 6-6　国有企业运行情况服务专题

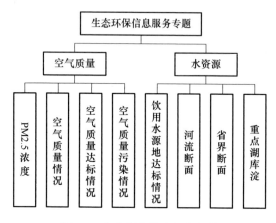

图 6-7　生态环保信息服务专题

6.1.2　河北省政府领导决策支持系统示范

近年来，河北省政府各部门开发了丰富多样的业务系统，建设了各种各样的数据库，产生了大量的信息资源。由于缺乏统一的规划、标准和信息共享机制，部门各自为政，共享其他部门甚至其他处室的信息都非常困难。河北省政府领导决策支持系统整合，分散各厅局的信息资源，汇聚到统一信息资源库中，以 GIS、统计图表、文本文档等形式对各类信息资源进行统计分析和可视化展示，为省领导及相关业务人员提供决策数据支撑。

河北省政府领导决策支持系统具有可视化、空间化、主题化、个性化四大特点，实现了从单一数据资源到复合信息资源、从分散式服务到集中式服务、从通用信息服务到个性化信息服务、从单纯的信息服务到决策数据支持的四大转变，达到提高政府工作能力、整合利用数据资源、深度开发数据资源以及构建主题化应用服务效果。

在省政府有关部门支持下，目前该系统已收集整理了 39 个省厅局和中经网的宏观经济监测、京津冀协同发展及"一带一路"有关国家经济数据，形成了综合省情、宏观经济、农业经济、工业经济、社会发展、科技创新、对外开放、生态环保、民生保障、京津冀协同发展和一带一路有关数据共计 11 个子系统（如图 6-8 所示）。基本覆盖了政府工作的主要方面，力求为省领导科学决策提供全面、准确、便捷的信息服务。下面对部分子系统进行详细介绍。

1. 宏观经济信息服务

该系统集成了省统计局、省物价局、省金融办、国家统计局、海关总署、财政部、人民银行、发展改革委、证监会、商务部、财政部、自然资源部和生态环境部等多个省级部门的地理信息数据和统计数据，共建成四个子模块，以全省指标、地市指标、新型城镇化、交通运输状况为出发点，从经济增长、投资、消费、金融、物价等方面反映全省宏观经济运行情况（如图 6-9 所示）。基于对当前经济运行态势的判断，政府可对未来宏观调控方向进行把握，避免经济大起大落，增强经济发展信心，进一步释放改革红利。

政务信息资源整合利用技术与实践

图6-8　河北省政府领导决策支持系统

图6-9　宏观经济运行实况子系统

2. 社会发展信息服务

社会发展信息服务集成了教育厅、科学技术厅、文化和旅游厅、药品监督管理局、统计局、卫生健康委员会、体育局、民族事务委员会、自然资源厅和生态环境厅等多个省级部门的 GIS 数据、统计数据、文本数据等相关数据，梳理指标分类体系，从教育、旅游、文化、卫生、体育、民族、人口七个方面对全省以及各地级市的科教文卫等信息进行可视化展示（如图 6-10 所示）。以期满足人民群众多层次多样化需求，依靠多元化主体提供的服务资源，提供广大人民群众最关心、最直接、最现实的社会发展信息服务。

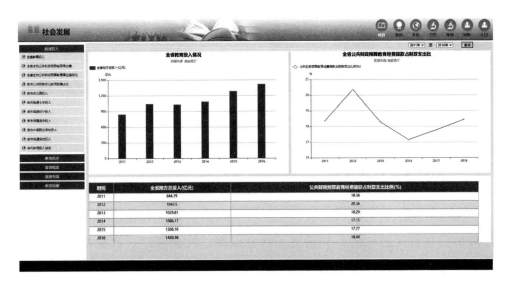

图 6-10 社会发展信息服务

3. 对外开放信息服务

对外开放商贸旅游信息服务子系统主要整合了河北省利用外资、对外贸易、经济技术合作、旅游、侨务、对外交往、出入境检验检疫、开发区建设、海关、物流、会展、招商代理机构、市场运行与消费、电子商务、境外上市等相关数据，梳理指标分类，进行数据分析，以可视化方式进行展示（如图 6-11 所示），共建成对外经济、对外交往、各类园区、市场消费四个模块。为大力发展和不断加强对外经济交流，积极参与国际竞争，促进经济变革，促进国民经济健康、快速发展提供数据支撑。

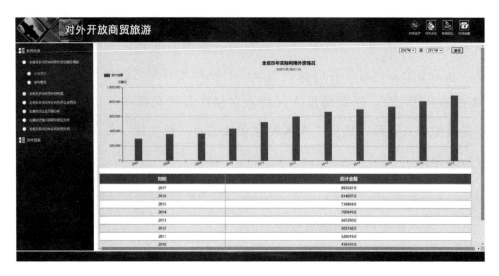

图 6-11　对外开放商贸旅游信息服务子系统

4. 民生保障信息服务

民生保障服务子系统是基于省人社厅、省民政厅、省住房和建设厅等厅局的信息资源建成的，共建设了社会保险、社会救助、社会福利、住房保障以及扶贫情况五个模块（如图 6-12 所示），以统计图表可视化方式展示全省及各地市的社保参保缴纳、民政救助、社会福利、保障房、公积金、人才、就业等情况。大力保障和改善民生，在经济发展基础上逐步提高人民物质文化生活水平，推动经济持续健康发展，保持社会和谐稳定。

政务信息资源整合利用应用示范 第6章

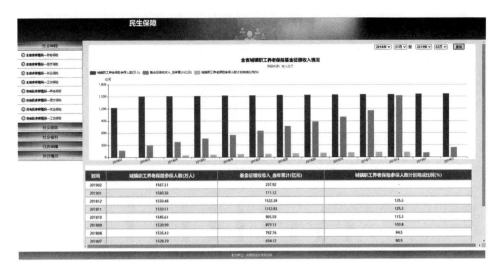

图 6-12 民生保障信息服务子系统

5. 京津冀协同发展信息服务

京津冀协同发展空间信息分析服务子系统包含北京协同发展进程、天津市协同发展进程、河北省协同发展进程、协同结构关联监测四个栏目（如图 6-13 所示）。前三个栏目分别整合了北京市、天津市、河北省的经济、产业、投资、消费、交通等五项重点指标运行数据，并进行统计分析展示；协同结构关联监测将京津冀三地数据整合到一起，进行对比分析，展示京津冀协同发展的对比情况和长期走势并进行关联监测。进一步加深、加强京津冀区域合作，立足自身及对方需求，合理谋划，衷心合作，切实推动京津冀协同发展。

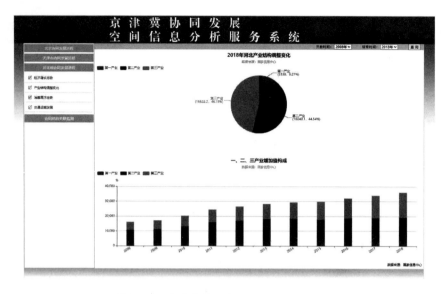

图 6-13　京津冀协同发展信息服务子系统

6.2　统一检索服务

6.2.1　信息资源检索服务建设

信息资源检索服务系统就是为用户提供统一、简便的检索数据服务，为用户提供检索内容的重新组织展现其检索结果。其基本流程是用户输入检索内容，检索服务根据用户输入检索内容进行分词处理，这里抽取用户输入检索内容中关键词，需要主题描述系统中提供的主题分词以及分词引擎来完成抽取关键词的工作，根据抽取出来的关键词进行内容检索，并按照结果排序组织原则，采用模板定制管理中内容模板设计、组织检索结果，把组织好的检索结果按照模板的方式组织并展现给检索用户。

为了更科学、更完善、更全面地为政府工作人员服务，信息资源检索服务系统要实现全面、智能、人性化、实用性的功能。系统要涵盖基本功能、高级检索、热门检索、检索任务定制、检索结果组织、系统个性设置、检索结果收藏夹、检索数据追踪、系统维护功能十类模块组成,功能模块结构图如图 6-14 所示。

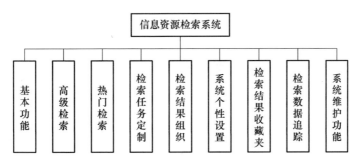

图 6-14 信息资源检索系统功能模块

6.2.2 信息资源检索服务系统示范

近年来,随着计算机网络技术的不断发展,政府不断向前发展的过程中累积了大量的多模态数据和资源,在这些海量的大数据中查找目标资源变得越来越困难。这种现象从某种程度上促进了以网络为载体的各类学习资源库的发展,与此同时,针对不同种类的学习资源开发的系统也越来越多。在这种情况下,用户要想查找某一资源,就得不断地登录各个不同的资源检索系统,这样不仅会大量地浪费了学习者的时间,而且整个检索过程的效率也非常不理想。

大量的资源库中包含着不同丰富种类的数字资源格式,虽然用户可以利用这些数量足够多以及种类足够丰富的资源满足自己对资源的不同需求,但是学习资源的多样性不仅体现在数据结构方面,而且也体现在检索采用的机制和策略方面,这就造成检索的资源会存在大量的重复内容,用户需要逐个地去每个检索系统进行信息查找,之后还得对检索结果进行筛选。这不仅浪费了用户的时间,还降低了服务的效率,从而大大降低了用户使用系统的积极性。通过信息资源检索服务系统，为用户提供一个统一检索平台，提供统一检索入口，用户只需要登录一次，便可以透明化、一站式地查询到不同资源库中的信息资源。

1. 基本功能模块

基本功能是信息资源检索服务系统提供的常用检索功能，包括了简单检索、高亮反显、输入提示、拼音检索等基本功能。其中，简单检索是为了提供基本功能的全文检索，用户输入检索词，检索服务根据检索词进行数据检索，默认检索内容为标题和正文；而高亮显示则能够突出用户输入的关键词需要，在概览和细览中提供命中关键词的高亮显示；系统采用检索网站常用地把关键词标红方式，例如检索"宏观经济"，检索结果关键词标红显示（图6-15）。

图6-15 基本检索模块

2. 高级检索模块

高级检索模块是信息资源检索服务系统的高级功能部分，包括了多关键词检索、限定时间检索、限定数据库检索、检索结果二次检索、文件格式检索等功能。支持多种运算符计算，包括比较运算符、逻辑运算符等多种运算符检索方式（如图 6-16 所示）。

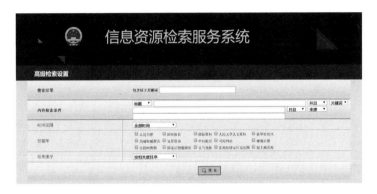

图 6-16　高级检索模块

3. 热门检索模块

热门检索，顾名思义，是检索目前或者时下正在热议的新闻或话题等信息资源，用户输入热门词汇或标题进行热点资源检索，把检索出来的热点信息结果呈现给用户。热门检索包括热门短语维护管理、热门信息检索以及热门检索排行。

热门短语维护是系统维护人员根据近期社会关注的热门事件对检索系统页面中的热门短语链接提供维护，在更新相关数据库内容后，系统自动更新显示热门短语链接（如图 6-17 所示）。热门信息检索是系统根据最近导入的信息资源实现相关热门专题信息的搜索。用户点击页面中热门短语超链接后，系统将自动进行热门信息检索。热门检索排行是根据每周的日志记录，统计、分析热门主题检索频率，实现热门信息检索排行功能。通过热门检索可以统计出用户最感兴趣的热点信息资源。

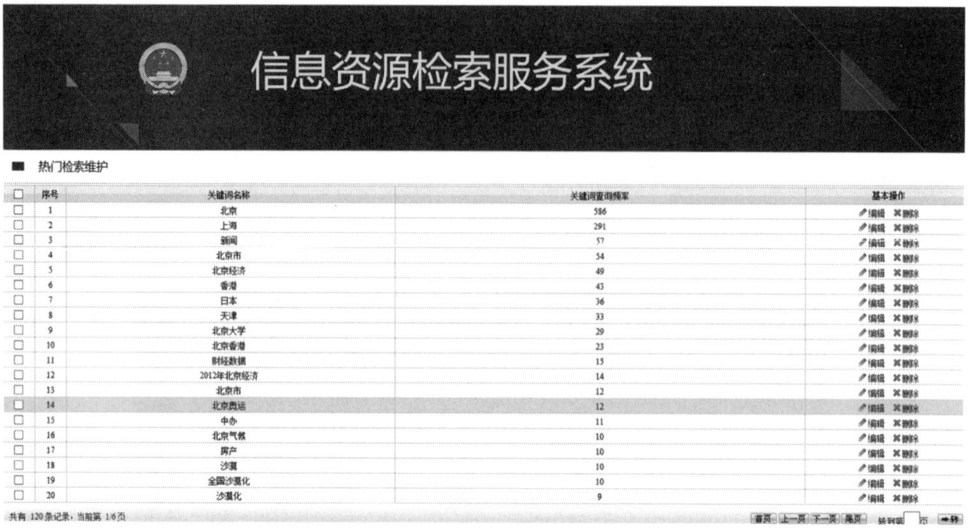

序号	关键词名称	关键词查询频率	基本操作
1	北京	586	编辑 删除
2	上海	291	编辑 删除
3	新闻	57	编辑 删除
4	北京市	54	编辑 删除
5	北京经济	49	编辑 删除
6	香港	43	编辑 删除
7	日本	36	编辑 删除
8	天津	33	编辑 删除
9	北京大学	29	编辑 删除
10	北京香港	23	编辑 删除
11	财经数据	15	编辑 删除
12	2012年北京经济	14	编辑 删除
13	北京市	12	编辑 删除
14	北京奥运	12	编辑 删除
15	中办	11	编辑 删除
16	北京气候	10	编辑 删除
17	房产	10	编辑 删除
18	沙漠	10	编辑 删除
19	全国沙漠化	10	编辑 删除
20	沙漠化	9	编辑 删除

图 6-17　热门短语维护界面参考

4. 检索任务设置

当用户需要长时间关注某一主题或专题信息时，无须每天都进入信息资源检索系统进行检索操作，只需要将检索条件定制为检索任务。系统将不断更新发送相关检索结果，包括检索任务维护以及检索结果推送。其中，检索任务维护主要是针对用户提供检索任务的设置、编辑、取消地址等操作功能；检索结果快递是根据用户定制的检索任务中包含的检索条件，系统会根据用户的设置在每天最新更新的信息资源中进行检索，并将检索结果以增量的方式传传送到用户桌面，用户打开信息检索系统后就会收到相关信息的提示。

5. 检索结果组织

检索服务系统检索出来的结果包含各个方面的数据来源，是杂乱无章的，给用户阅读带来不便。因此，要针对检索结果进行重新组织、排序等处理，以期达到检索结果合理、有序。目录导航可以将所有的信息内容分类通过目录导航的方式来展现。检索服务系统根据检索结果组织生成相关搜索和推荐词，这些是和用户输入的关键词内容相近、相同或具有主题范畴关系的搜索内容，这些推荐词和相关词用户可能感兴趣，为用户提供方便检索模式。在分析检索结果时，可以按照资源主题进行自动划分，按照不同的主题统计相关的结果。检索资源中有关相关地图方面的信息，包括了省市县镇村等地名信息以及其他地名信息。针对这些信息进行检索，检索出来的结果与政府电子地图关联，以地图定位的方式展现给用户，用户点击定名信息或地图时，系统将自动调取相应的电子地图服务直接进入全国空间信息系统，为用户提供空间地理信息服务（如图6-18所示）。

图6-18　关联地图专题界面参考

在检索页面中展示相关专题链接。用户只需要点击专题标题，就可以进入相对应的专题系统，为用户提供快捷服务。结果聚类可以查询结果在类别里显示查询结果的数量；智能排序可以根据检索结果按照设定的排序原则进行自动排序。例如，可以按照日期排序、按照数据资源系统进行排序，也可与主题描述系统中的相关主题进行等多种方式排序组合（如图6-19所示）。

图6-19　检索结果展示页面参考图

6. 检索数据追踪

系统提供查看数据信息的展示功能,主要实现检索结果内容展示。如用户可以根据检索结果与该信息对应的资源系统进行关联,实现数据源的追踪。用户点击某一检索结果条目可查看与该条目相关的元数据信息。

7. 检索结果收藏夹

收藏夹类似于IE总收藏夹功能,即把用户感兴趣的信息资源放入收藏夹里,便于用户以后快速检索使用。用户在检索出来的结果中可以选择添加到收藏夹功能。收藏夹功能包括收藏夹的维护、关键词添加收藏夹、收藏夹内容导出功能。系统提供收藏夹的条目添加、批量增加、内容移除、清空收藏夹、导出列表等功能实现收藏夹维护;用户输入的关键词或系统检索结果推荐词和相关搜索,用户可以把自认为重要的词条添加到收藏夹里,下次用户检索时,就可以不用输入了,只要在收藏夹里选择要检索的内容就可以实现检索,从而提升用户的便捷度。用户还可以定期整理收藏夹,收藏夹应具备将收藏夹中选内容有选择性地导出报表,供用户打印、输出、保存。

8. 系统个性设置

系统个性设置是为用户提供更加人性化的功能,包括检索结果显示数量设置和检索结果翻页重新检索模块。用户可以依据自己的检索习惯及查阅方式个性化设置每页的检索结果显示条目数;若用户设置检索结果更新,检索服务系统会根据用户的设置和检索结果数量进行适当的优化,例如,当系统检索结果数目较大时,系统不会将所有搜索结果全部放入内存,而会提供检索结果翻页功能,动态加载当前页面关联的数据,这样提高了用户体验感。

9. 系统维护功能

系统维护功能是管理员特有的功能，是针对检索服务系统的管理工作，包括检索关键词统计和检索日志等功能。用户的每次检索都会记录日志，系统根据用户最近检索的关键词进行统计，统计出用户一段时间内检索内容的情况，从而了解该用户喜欢什么样的信息资源。同时，所有系统管理员可以在系统运行维护管理功能模块中查看用户检索日志。检索日志数据包括用户检索时所在客户端 IP 信息、检索时间、检索关键词、访问信息资源等信息内容（如图 6-20 所示）。

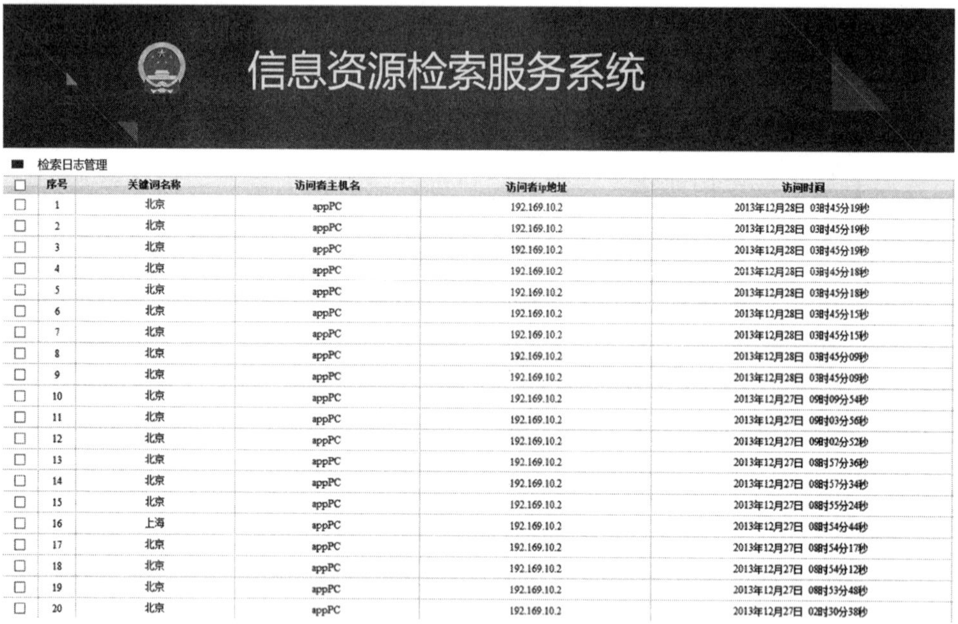

序号	关键词名称	访问者主机名	访问者ip地址	访问时间
1	北京	appPC	192.169.10.2	2013年12月28日 03时45分19秒
2	北京	appPC	192.169.10.2	2013年12月28日 03时45分19秒
3	北京	appPC	192.169.10.2	2013年12月28日 03时45分19秒
4	北京	appPC	192.169.10.2	2013年12月28日 03时45分18秒
5	北京	appPC	192.169.10.2	2013年12月28日 03时45分18秒
6	北京	appPC	192.169.10.2	2013年12月28日 03时45分15秒
7	北京	appPC	192.169.10.2	2013年12月28日 03时45分15秒
8	北京	appPC	192.169.10.2	2013年12月28日 03时45分09秒
9	北京	appPC	192.169.10.2	2013年12月28日 03时45分09秒
10	北京	appPC	192.169.10.2	2013年12月27日 09时09分54秒
11	北京	appPC	192.169.10.2	2013年12月27日 09时03分56秒
12	北京	appPC	192.169.10.2	2013年12月27日 09时02分52秒
13	北京	appPC	192.169.10.2	2013年12月27日 08时57分36秒
14	北京	appPC	192.169.10.2	2013年12月27日 08时57分34秒
15	北京	appPC	192.169.10.2	2013年12月27日 08时55分24秒
16	上海	appPC	192.169.10.2	2013年12月27日 08时54分44秒
17	北京	appPC	192.169.10.2	2013年12月27日 08时54分17秒
18	北京	appPC	192.169.10.2	2013年12月27日 08时54分12秒
19	北京	appPC	192.169.10.2	2013年12月27日 08时53分48秒
20	北京	appPC	192.169.10.2	2013年12月27日 02时30分38秒

图 6-20　检索日志数据管理界面

6.2.3　政务服务综合检索服务系统建设

政务服务综合检索服务系统是在整合政务服务部门现有资源以及部委

上报资源基础上实现业务统一组织化，为政务服务工作人员提供统一检索、快速分析的方式来快速提取工作人员所需要的政务服务资源和统计数据的检索统计服务平台。

为了更科学、更完善、更全面地为政务服务工作人员服务，政务服务综合检索服务系统需要提供全面、智能、人性化、实用性、高效率的功能。系统要涵盖基本功能、综合分析、事项统计、办件统计、综合统计五类模块。功能模块结构图如图 6-21 所示。

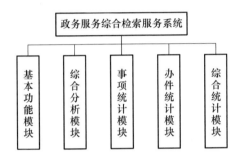

图 6-21　政务服务综合检索服务系统功能模块结构图

6.2.4　北京市政务服务综合分析系统示范

北京市政务服务综合分析系统是北京市大数据分析系统的子系统之一，基于北京市政务服务平台前期统建的相关基础设施和政务服务资源共享服务中心，汇聚数据资源，对政务事项信息、办件信息、电子证照信息、监督信息、用户行为信息等政务服务大数据资源进行整合，重构数据资源之间的关联关系，构建统一检索服务，提供快速检索、多维统计等功能，将大量的政务服务数据高效地转化为可视化分析结果，有效地提升了政务服务的数据价值，为政府各部门重大政策、法规的制定提供决策依据。

1. 基本功能模块

基本功能模块是北京市政务服务综合分析系统提供的常用检索功能，包括简单检索、多关键词检索、输入提示、模糊检索等检索功能。其中，简单检索是为了提供基本功能的跨库检索，用户输入检索词，检索服务根据检索词进行数据检索，默认检索内容为事项名称或编码（如图6-22所示）；多关键词检索支持输入多个关键词，检索服务根据不同的关键词对数据进行检索（如图6-23所示）；输入提示是根据不同用户的搜索频度，在用户输入关键词的过程中对其进行搜索关键词提示；模糊检索则可以根据用户输入的关键词检索出所有包含该关键词的相关关联信息。

图6-22 简单检索

2. 综合分析模块

综合分析模块是北京市政务服务综合分析系统的主界面，实现事项、办件关联综合分析。其能够调用基本功能模块，按照关键词检索某类事项

政务信息资源整合利用应用示范 第 6 章

图 6-23 多关键词检索

的数量、层级、收费情况、跑腿次数、提交材料数等内容,并关联分析办件量变化情况。其包括综合分析指标构建、按关键词查询分析、关键词推荐、统计图表联动展示(如图 6-24 所示)。

图 6-24 综合分析模块

3. 事项统计模块

事项统计模块是针对政务服务事项信息的多维度统计。按照事项的要素标准，设置事项多维分析的维度，如地区、委办局、事项主题、办理部门、网办情况、行使层级等维度。其能支持多维度组合检索和统计（如图 6-25 所示）。

图 6-25　事项统计模块

4. 办件统计模块

办件统计模块是针对政务服务办件信息的多维度统计。按照办件的要素标准，设置办件多维分析的维度，如地区、委办局、时间、事项主题、办理部门、提交材料等维度。其能支持针对办件库的多维度组合检索统计（如图 6-26 所示）。

图 6-26 办件统计模块

5. 综合统计模块

综合统计模块是针对政务服务事项和办件信息的多维度跨库检索统计。按照事项和办件的要素标准，设置综合统计的维度，例如事项类型、申请人类型、申请类型、办件类型、办理结果、办理环节数量、特殊程序种类、材料种类数量、行使层级、法人主题、自然人主题等维度。其能够支持对办件库、事项库的跨库检索和多维度统计（如图 6-27 所示）。

图 6-27 综合统计模块

6.3 政务知识库服务

6.3.1 政务知识库服务建设

政务服务知识库系统主要辅助大厅工作人员,为其更好地为民众答疑和引导工作提供帮助,提升服务效率,避免出现解答不上来或解答不准确的尴尬情景。同时,也是解决实际当中案例录入的问题,解决纸质录入不便于管理和分享的问题。统一、科学的知识管理能够最高效地为民众和工作人员提供服务,从而提高工作人员的业务水准,提升整个大厅的服务环境。

政务服务知识库系统基于政府部门以及企业民众提供的数据,整合了北京市全量的服务事项数据,其内容涵盖北京市市级部门以及各个区,包括公共服务类、行政许可类、检查强制类、处罚类、征收类等数据;包括各委办局提供的极为丰富的案例信息;囊括大量的政策法规数据以及个人分享的知识内容。

政务服务知识库系统具有科学的知识分类体系;可全方位快速获取知识;对知识进行多方位的标识以及可持续的更新;能够定制个人的个性化空间以及个人知识共享。该系统包括知识应用系统和知识管理系统,供企业民众、政务办公人员及系统管理员使用,以下将从这两方面做详细介绍。

1. 知识应用系统

推动政务服务领域形成全市统一的知识库,以便有效支撑各渠道的咨询服务,为办事检索定位、咨询解答及其他政务服务相关应用提供支撑,建设知识库管理系统。满足多元知识、多类型知识的采集处理,构建政策法规知识库、政务服务知识库、便民服务知识库、名词解释知识库、非结构化文件知识库,实现数据报送功能、多渠道信息采集功能、数据存储及转换功能、知识条目与附件映射管理功能、自定义知识结构功能。知识应用系统包括:知识检索、知识导航、个人空间、知识图谱、知识采集(如图 6-28 所示)。

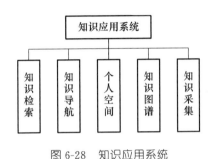

图 6-28　知识应用系统

2. 知识管理系统

前台展现是建设知识库系统的一个重点,是一个知识库系统的外在呈现,包括知识库系统首页、工具栏、查询、检索、排行、推荐等。个人、企业及政府办公人员可以方便地检索知识库相关信息,通过对常见问题的搜索找到问题的直接答案,减少电话服务量,降低每次交互成本,不断地提高客户的满意程度。知识管理系统包括:知识采集管理、接口管理、知识分类管理、知识审批管理、知识检索管理、知识统计管理、系统管理、日志管理。(如图 6-29 所示)。

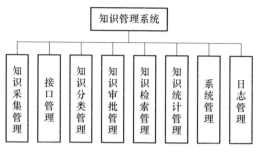

图 6-29　知识管理系统

6.3.2　北京市知识库管理系统示范

党的十八大以来,以习近平同志为核心的党中央将"互联网＋政务服务"作为深化"放管服"改革的关键环节,先后发布了《国务院关于加快推进"互联网＋政务服务"工作的指导意见》(国发〔2016〕55号)、《国务院办公厅关于印发"互联网＋政务服务"技术体系建设指南的通知》(国办函〔2016〕108号)明确"互联网＋政务服务"工作开展思路。

北京市政府积极响应党中央号召,将电子政务服务作为重点工作。那么,电子政务服务解决群众问题就成了建设的中心。随着互联网的普及以及政府相关网站的建立,群众更倾向于运用网络来获取政务相关的信息。但是随着用户的使用,一些问题也暴露出来。这些问题包括:首先,相关数据不全。社会公众有时并不能查询到相关信息,或是查询得到的信息文不对题并不匹配。其次,由于各网站以及委办局数据不同源,同一问题在不同端口进行查询时得到的解答并不相同。最后,关于这些政务服务知识缺乏统一编辑分类,不利于利用。除了这些主要问题外,还存在着个性化推荐不足,工作人员整理缺乏体系等亟须解决的问题。

知识库管理系统不仅是一种基于知识的智能系统,它利用计算机来表达、存储和管理某特定领域的知识,并利用知识来解决该领域的问题;还是负责知识库定义、建立、操作、管理和维护的软件系统。除了对知识库中的知识进行管理外，它还要实现把抽象的逻辑知识，转换成具体的物理数据进行处理。将知识库系统引入政务服务领域，是提高政务服务中心服务质量的重要途径，也是提高政务服务中心服务效率的有效方法。

1. 政务服务知识库应用系统

1）首页及知识检索

首页包括以下模块：政务服务知识检索框、去哪办、如何办、啥材料、收费吗、办多久、有依据、最新知识、热门知识、知识分享、知识图谱、常见问题。如图 6-30 所示。

图 6-30　政务服务知识首页图

其中，最新知识需要展示事项、案例、政策法规；事项推送包括许可、给付、奖励、确认、裁决、其他类事项、处罚类事项、征收类事项、强制、检查类事项、公共服务类事项（如图 6-31 所示）；案例推送案例库中最新的案例（如图 6-32 所示）；政策法规推送相关部门下发的最新通知。知识检索主要拥有全文检索功能、相关搜索功能、二次搜索功能、个性搜索功能，能够实现全方位、多功能、个性化和高效率搜索（如图 6-33 所示）。

图 6-31　事项推送

政务信息资源整合利用应用示范 第 6 章

图 6-32 案例推送

图 6-33 检索页面

2) 知识导航

此功能在于快速定位所需查找的知识，通过对知识的类别以及与知识相关信息的选择实现。知识内容按照一定的规则分类进行管理，常见的知识维度包括：业务维度、组织机构维度、时间维度、空间维度、知识介质维度等，并能够通过多维度进行交叉查询。知识分类以树状菜单的形式表现出来，用户可以按照分类索引的方式找到所需的下级分类，点击相应的分类可查阅该分类下的知识内容。与此同时，该功能提供"最近更新"以及"历史浏览"两项功能，保证用户可以查阅最近更新的知识，保证信息获取的实时性，并且方便其查找曾经查阅的知识，节省用户时间（如图 6-34 所示）。

图 6-34　知识导航

3）知识图谱

知识图谱以北京市政务服务为中心扩展到案例库、案例库、政策法规、标准规范和其他为分支关系的知识关系图（如图 6-35 所示）。其中，系统主要有类别关联、关键词关联、脑图诊断关联、正文超链关联。

图 6-35　知识图谱

类别关联时，该知识在同一分类中的其他知识会被作为相关知识呈现出来，供用户作为延伸阅读使用。关键词关联在知识发布时填写或自动提取关键词，知识库中与该关键词相同的知识会被提取出来，作为关键词关联结果呈现给用户参考。脑图诊断关联是知识库管理系统的独创关联模式，系统通过人工建立知识与知识之间的关联关系。这种关联以问题为核心，解决问题的思路为延展，由一个问题关联多个解决方案，每个解决方案下面又可延展出相关知识，其相关模式类似于医生为病人选择诊断方案，这种推理诊断模式是精准、有效的"最佳实践"表达方式。正文超链关联则是在知识正文中，用户可以通过编辑器自主建立某些关键词的超链，链接到其他知识内容，以形成良好的知识关联参照。

4）个人空间

该功能主要解决用户的个性化需求，同时在此查看目前的审批进度。在"我的收藏"中，可查看创建自己的知识收藏夹，将知识库中的知识内容按照自己的喜好进行收藏。用户可查看之前录入的案例以及分享的记事本的审查进度，当后台管理员确定发布后，用户可在"我的发布"中查看自己提交的知识。在"我的关注"中查看自己关注的别人分享的记事本，扩充知识来源。在"我的分享"中查看自己分享的已经通过审批的记事本内容。"我的记事本"功能为查看自己记录的记事本内容（如图6-36所示）。

5）知识采集

知识采集由"我的案例"与"我的记事本"两个模块构成，主要解决座席人员更新案例库与记录知识的两方面需求。在"我的案例"中，座席人员可将服务过程中遇到的案例进行记录，管理人员根据情况对案例进行审批。在"我的记事本"中，座席人员将对自己有用的知识进行记录，方便以后在服务过程中进行查找，提高服务效率（如图6-37所示）。

2. 政务服务知识库管理系统

1）知识分类管理

知识分类可以简单、快捷的创建，用户进行自定义维护。其支持添加分类、编辑分类、删除分类、移动分类、分类排序等多种分类操作，能够快速地建立起知识结构体系。同时，为了充分考虑知识分类体系维护的有效性，系统可以通过赋权的方式，将分类维护的权限下放，让更了解业务的管理人员自行维护知识分类，以保证知识分类体系的合理性（如图6-38

政务信息资源整合利用应用示范 第 6 章

图 6-36 个人空间

所示）。

2）知识采集

知识管理系统提供直观的树结构用于创建和维护知识信息，用户可以随时增减任意层次的节点，也可增减层次。知识采集功能在于案例库实时更新案例，保证案例的时效性。同时，删除不符合现在实际情况的相关案例，并可实现对政策法规库的查看功能。系统提供了知识条目与文档的直

政务信息资源整合利用技术与实践

图 6-37 知识采集首页

观绑定,用户可以随时捕获信息,并随时加入知识库中。支持关联的信息可以是文本、网页、邮件等各类信息形式,系统提供了对粘贴信息的本地编辑功能,包括案例库管理、政务服务事项管理。

3)知识审批

该功能主要解决前台应用系统中,座席人员录入案例与分享记事本的审批需求。系统管理员根据内容以及实际情况进行"通过"与"未通过"操作,控制案例与记事本分享的质量。用户在录入条目内容后,系统需要提供对该知识条目的审核功能。对于未审核的条目,系统提供查看详细内容、审核功能,其中知识审核主要包括批量审核、批量审核通过、批量审核不通过、单条知识条目审核、审核通过和审核不通过六个功能。对于已

政务信息资源整合利用应用示范　第 6 章

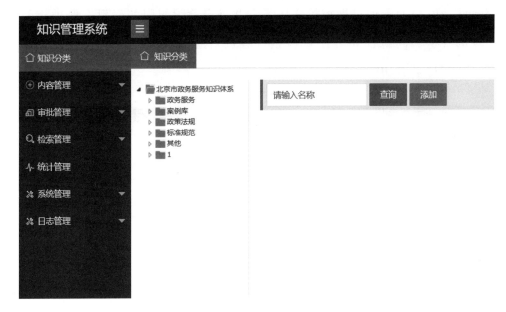

图 6-38　知识分类管理图

审核的条目,系统提供查看详细内容、修改功能(如图 6-39 所示)。

图 6-39　知识审批管理图

4)知识检索

知识检索功能包括索引创建设置、索引库设置、检索日志管理和浏览日志四项功能。通过此模块,可实现创建索引,并设置检索库的检索内

· 177 ·

容。此功能帮助管理员把控检索质量，并进行检索权限的设置，保护相关信息的安全。同时，为方便对检索内容进行统计，还可对浏览的日志记录，并支持查看功能（如图 6-40 所示）。

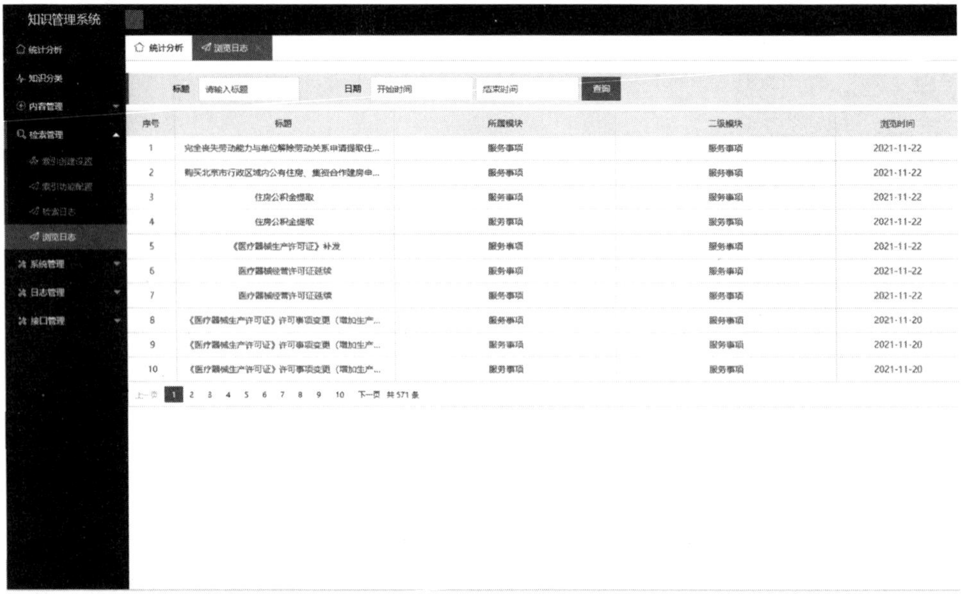

图 6-40　知识检索日志管理图

5）知识统计

系统需要提供多个统计报表功能，从多个视角、多种指标输出统计报表以满足用户对报表系统的需求。主要功能模块包括知识点统计功能开发、用户知识统计功能开发、热门知识统计功能开发、知识类别统计功能开发。知识点统计用于统计特定的知识内容阅读、查看的情况，能够得出某些知识哪些用户已经阅读，哪些用户仍未阅读，阅读率是多少；用户知识统计从用户使用者的角度查询特定人群对于知识的阅读和使用情况。统计本平台的知识资产总量，每个库和子栏目的知识数量，较为直观地表现出平台知识存量；热门知识统计功能通过统计阅读量最高的知识点，展示热门知识排行，排行越高代表关注度最高，值得重点关注；知识类别统计用于统计系统中各个类别知识的使用情况和专业知识的新增情况（如图 6-41 所示）。

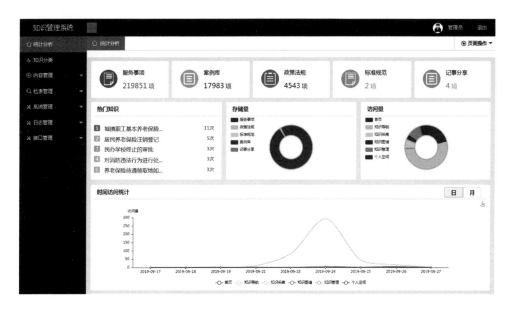

图 6-41　知识统计分析图

第 7 章 总结和展望

随着互联网、云计算、大数据、人工智能、区块链等为代表的新技术的发展和技术管理体系的健全，一些技术领域和学科发展的难题也在新技术支撑下迎刃而解，一个新的时代——数字时代正在诞生。数字时代的特点就是信息以数字化的方式存储、管理和流通。随着数字时代的到来，电子政府也在向"数字政府"转型升级，以"数字信息＋政务服务"向社会各界的服务群体进行服务，政务管理也正在向"数字管理"新模式进行转变，政务信息数据化和政务信息业务化成为常态，政府部门逐渐在数据整理技术上追求与数字时代新的技术前沿同步发展。伴随着技术的进步与发展，电子政府也在向数字政府和智慧政府的方向转型升级，传统的电子政务也在向数字政务转型升级。越来越多的公共诉求需要政务信息的公开和共享。在这样的需求背景下，多源异构、规模庞大的政务信息资源日益增加。而政务信息资源作为国家的核心信息资产，也成为越来越重要的生产要素，对推动经济发展、提升社会治理能力、提高政府服务水平、促进社会监管都具有重要作用。因此，面对数字时代的到来，政务信息资源将发生一系列变化，如何做好政务信息资源整合利用，提升对政务信息资源的治理能力，已经成为推进国家治理体系和治理能力现代化的迫切需要，政务信息资源整合已成为我国政府治理体系与治理能力创新的重要组成部分。

同时，随着数据成为国家基础性战略资源，数据安全和隐私问题受到高度关注并引发深度思考，法制化环境也日益完善。目前，我国在公共信息数据开放共享领域已经出台了一系列法规制度和政策文件，政府数据开放共享的法律和政策环境已初步形成，如《促进大数据发展行动纲要》《中华人民共和国政府信息公开条例》等的实行。在法律保障层面，国务院于2016年9月颁布了《政务信息资源共享管理暂行办法》。2021年9月，《中华人民共和国数据安全法》开始施行，这个法律的颁布进一步规范了处理数据的范围，提升数据的安全性，促进数据的合理利用，明确数据收集范围、使用要求和应用保护，明确数据监管范围和各项违法惩处条例。目前，国家为社会各界的数据管理和数据保护制定了法律规定，并提供了良好的法律环境，社会各界都应当合理收集数据，并且依法使用和管理数据，保证数据操作和在法律允许的范围内进行。数据时代，随着数据获取和管理都有相关的法库条例和良好的法律环境，随着数据使用和管理的环境得到了进一步保证，政务的政务信息资源管理和政务信息资源整合技术也有更好的发展空间。

我国的电子政务经历了办公自动化、"三金工程"实施、"政府上网"三个阶段，最终发展到了电子政务阶段，已经在信息化方面打下了坚实的理论和技术基础，取得了一定的成就。"金关""金桥""金盾"等信息技术建设也是我国信息化建设中的良好典范。我国网上政府建设也得到了飞速发展。目前，我国已经有3 000多个政府网站，多数的政府网站都已经实现网络化的政务信息公开和实时发布与共享，通过网络进行社会化服务和处理民众诉求，实现了快捷、便捷、实时为社会大众服务，更好地做到了为人民服务。

本书根据目前国内政务资源整合研究和发展现状，在总结政务信息资源整合理论和技术的基础上，对政务信息资源库、不同格式的政务信息整合方法、政务资源整合平台、政务资源跨库检索技术和政务知识管理应用服务等方面进行了系统的介绍和详细的说明。虽然政务资源整合技术取得一定的研究成果，但是随着时代的进步和技术的发展，政务信息技术也需要不断向前迈进，需要不断地深入研究和探索。政务信息呈现获取多元化、存储多样化、整合技术方法综合化等特点。如存储信息的政务资源库、政务信息资源的整合重组、跨库的快速检索。虽然在政务信息资源整合方面我们已经有一定的研究成果和研究进展，但是我国政务信息系统建设"各不互通、信息孤岛"问题依旧十分严重，跨地域、跨层级、跨部门的政务信息资源整合的推进工作面临重重困难。目前，政务信息资源整合主要存在的问题是政务信息资源来源多样，过分强调数据规模，而忽视数据质量。同时，对于数据安全和隐私的需求，政务信息资源整合也面临着新的技术要求和管理规范。政务信息资源整合中过分强调大数据论和新技术，忽视传统技术应用系统的基础性数据存储和管理的稳定作用，有的把大数据应用和传统的政务数据应用技术人为对立起来；过分强调机器语言和智能决策，忽略了人为的主观能动性。因此，优化政务资源整合技术，进一步完善政务信息资源整合机制，正成为政务新时代的新需求。面对政务新时代带来的挑战，政务资源信息整合技术的发展将朝着以下趋势迈进。

1. 政务信息数据清洗

在政务信息整合过程中，由于数据来源多源化和数据类型的多样化，面对不同的需求和用途，需要数据进行清洗处理。在实际应用中，如应急、防洪、疫情防控等业务对数据的实时程度要求较高，所以对数据的实时清洗是非常有必要的。政务信息由于自身特殊的服务性能，要求其具有新、实、准、快、精、深等特点。政务信息好不好，处理和提供的数据准确不准确、全面不全面、及时不及时等,都直接影响了政务服务和政务决策。随着政务信息数据来源多样化和更新频率的不断提高,我们对数据的整合服务逐渐细化,不仅限于某种数据或者某个数据层,而且将数据细化到实体及有丰富的语义。这就更要求数据的精确和准确度,以提高数据的整合应用的运行效率。政务信息数据来源多样,种类丰富,可以基于不同的数据清洗方式。如基于 K-means 聚类的数据清理方法、基于卷积神经网络的图像数据处理方法和基于工作流的数据处理方法等,这些都是在数字时代中实现清洗数据新技术和新思路。

2. 政务信息资源整合中安全和隐私技术发展

政务信息资源整合的安全问题主要涉及隐私问题、信任问题与授权问题。《中华人民共和国个人信息保护法》已于 2021 年 11 正式施行,这部法律施行的目的是保护公民的个人信息,明确规定个部门和单位如何正确使用和管理用户个人信息。但由于政府这一部门具有的特殊性质,所以在公民信息收集、处理和管理公开方面需要有不同的机制,需要适当的法律条例和法律环境对政府部门有关公民信息的处理进行特殊的说明和规范。由于电子政务的进一步完善与公众服务的诉求,政务信息资源整合的数据范围将会逐渐扩大,涉及政府、社会与公民的方方面面。对于日益广泛的政务信息资源整合范围,如何科学规范的实现数据收集,解决数据信息的信任与信息的授权问题,保障政务信息资源管理和应用的合理化,将是政务资源整合需要解决的重要问题。政务整合面临着如何在保障数据安全和隐私保护的同时,实现数据获取和数据流动的最大化与发挥数据价值的最优化的问题。所以,对于政务数据的整合,其中包括公共数据、个人数据和隐私数据等,应坚持政务信息数据安全保护与政务信息数据开发整合利用并重,通过构建政务数据安全治理体系,以最有效的方式保护政务信息数据，最终实现政务信息数据合法流动，推动政务信息数据整合技术新发展结合云计算、区块链等新技术，推动政务信息安全呈现新态势。在密码应用技术方面，传统的密码技术保障方案不能保障满足政务数据的安全治理，所以对于政务数据的安全整合和管理必须有解决方案。目前来说，一些新兴的关键的密码学技术的应用如区块链、安全多方计算等基于密码学技术的应用将有助于政务信息数据的整合利用，提高数据治理的安全性。

3. 新技术联合应用

在云计算、区块链、物联网、人工智能等新技术兴起的时代浪潮中，政务信息化面临着新的机遇。抓住这些机遇，实现政务信息技术的新转变，以推动政府数据资源整合技术的新发展，从而使电子政务迈向新阶段。政务资源整合技术的新应用，可以挖掘政务资源的新知识、使数据创造新价值、展现政务数据的新活力、打破政务信息孤岛，是电子政务发展技术的又一革命性发展。政务信息资源整合技术更加显现出变革性、扩展性和融合性。目前，在政务信息资源整合技术方面还存在技术单一等问题。例如，政务信息资源存储方面所应用的传统关系数据库，其缺点在于存储数据规模小，存储数据类型受限，在存储模式、处理数据的关和处理数据工具等方面都较为单一，其数据处理和分析工作已不能满足数据时代中对异构数据结构化分析的新要求。但是，以 Hadoop 等为代表的大数据技术对比传统的数据管理方式具有结构简单、扩展性、容错性和并行性良好等特点。再如，关系数据库和 NoSQL 技术可以互补，能为政务信息资源存储领域带来新的扩展与创新。由此，在政务信息资源整合技术方面可以实现不同技术之间的联合应用和相互补充。

数字时代的到来，我国的政务管理体系和治理能力进一步向现代化迈进，电子政务也有了进一步的发展。而作为电子政务的关键与基础部分——政务信息资源整合技术也在发展和需创新。在未来的发展中,我们需要对政务信息资源整合技术给予更多的关注。技术的发展和创新需要良好的环境和优秀的人力资源,我们要给政务信息整合技术提供更好的发展环境和人才资源,推动政务信息资源整合技术迈向现代化,迈向未来。